MENTE SEM LIMITES

Russell Targ

MENTE SEM LIMITES

Como desenvolver a visão remota e aplicá-la na cura a distância
e na transformação da consciência

Tradução
SANDRA LUZIA COUTO

Editora
Cultrix
SÃO PAULO

Título original: *Limitless Mind.*

Publicado originalmente nos Estados Unidos por New World Library.

Coordenação editorial: Denise de C. Rocha Delela e Roseli de S. Ferraz
Preparação de originais: Roseli de S. Ferraz
Revisão técnica: Newton Roberval Eichemberg
Revisão de provas: Maria Aparecida A. Salmeron

Dados Internacionais de Catalogação na Publicação (CIP)
(Câmara Brasileira do Livro, SP, Brasil)

Targ, Russell
Mente sem limites : como desenvolver a visão remota e aplicá-la na cura a distância e na transformação da consciência / Russell Targ; introdução de Jean Houston; tradução Sandra Luzia Couto. – São Paulo : Cultrix, 2010.

Título original: Limitless mind.
Bibliografia.
ISBN 978-85-316-1095-0

1. Percepção extrassensorial 2. Visão remota (parapsicologia) I. Houston, Jean. II. Título.

10-10794 CDD-133.8

Índices para catálogo sistemático:
1. Visão remota: Experiências extrassensoriais : Parapsicologia 133.8

O primeiro número à esquerda indica a edição, ou reedição, desta obra. A primeira dezena à direita indica o ano em que esta edição, ou reedição, foi publicada.

Edição	Ano
1-2-3-4-5-6-7-8-9-10	10-11-12-13-14-15-16-17

Direitos de tradução para a língua portuguesa
adquiridos com exclusividade pela
EDITORA PENSAMENTO-CULTRIX LTDA.
Rua Dr. Mário Vicente, 368 — 04270-000 — São Paulo, SP
Fone: 2066-9000 — Fax: 2066-9008
E-mail: pensamento@cultrix.com.br
http://www.pensamento-cultrix.com.br
que se reserva a propriedade literária desta tradução.
Foi feito o depósito legal.

Impressão e Acabamento
Cometa Grafica e Editora
Tel- 11-2062 8999
www.cometagrafica.com.br

Este livro é dedicado à
memória da minha querida filha,
dra. Elisabeth Targ, psiquiatra
visionária e talentosa agente
de cura, e, com amor sem limite,
à minha mestra Gangaji.

Sumário

SUMÁRIO

Agradecimentos

Quero exprimir minha profunda gratidão ao meu amigo e professor, dr. H. Dean Brown. Um espírito como o de Dean, que agora conquistou independência, libertando-se de todos os laços que o prendiam, e atingindo a consciência absoluta, reside no reino de *ritam bhara pragyam* — que Dean costumava descrever como "o plano do absoluto". Essa expressão em sânscrito se refere ao nível de consciência que conhece apenas a verdade: a parte de nós que não é afetada pelas experiências diárias e constitui o lar da alma; a mais límpida e direta fonte de respostas a respeito de nossa jornada.

Dean, que foi um físico ilustre, um místico e estudioso de sânscrito, ensinava que é no vazio (*sunyata*) que encontramos esse plano de experiência, o domínio da forma eterna. Esse é um conceito védico que corresponde à esfera das ideias de Platão, aos arquétipos de Jung e à noosfera de De Chardin. O ápice do pensamento védico é a ideia de que o nosso eu mais profundo (*Atman* — sempre mais sutil, sempre em contração) é idêntico ao universo inteiro (*Brahman* — sempre em expansão, cósmico). Nós somos um com todas as coisas.

Durante os trinta anos em que o conheci, Dean ensinou que, quando nos aproximamos do universo — brincamos com ele, o entendemos e produzimos efeitos por meio do nosso centro puro —, a vida se torna ativa e alegre. Se nós somos, simplesmente, centrados, nos tornamos nada e tudo. Erwin Schrödinger, que aperfeiçoou a mecânica quântica e era reverenciado por Dean, acreditava que essa equiparação de Atman e Brahman era "o maior de todos os pensamentos".

Também desejo sinceramente agradecer à dra. Jane Katra, com quem escrevi dois livros anteriores, por também estimular muitas das ideias deste livro. E agradeço à dra. Elizabeth Rauscher por suas perspicazes contribuições aos capítulos que discutem o fim da física e a física das habilidades psíquicas.

Prefácio do autor

Considero a ciência uma parte integrante do nosso esforço para responder à única grande questão filosófica que abarca todas as demais — "Quem somos nós?" E mais do que isso: considero que essa não é apenas uma das tarefas da ciência, mas a sua tarefa por excelência, a única que realmente importa.

— Erwin Schrödinger
Science and Humanism

Tenho investigado e escrito a respeito da visão remota e da percepção extrassensorial (PES) durante mais de trinta anos. Neste livro, tentarei responder à questão crucial: "Por que se preocupar com a PES?"

Num prefácio escrito pelo autor, em geral o leitor encontra uma oportunidade para descobrir quem o autor é e o que está em sua mente. A minha mente no momento está repleta de um misto de raiva, pesar e tristeza pela recente e prematura morte de minha querida filha Elisabeth, que nos deixou em julho de 2002, aos 40 anos de idade. Ela foi uma psiquiatra compassiva, uma pesquisadora corajosa e uma linguista, além de uma agente de cura que costumava trabalhar comigo. Embora fosse budista praticante, com uma criação judaica, em seu leito de morte ela expressou o desejo de ser "a assistente da Virgem Maria" — em perfeita sintonia com suas pesquisas sobre cura a distância e prece a distância. Eu incluí mais detalhes sobre as pesquisas de

Elisabeth e sobre as nossas experiências e aventuras com a PES entre "pai e filha" no posfácio.

Elisabeth foi uma inspiração para muitas pessoas dentro e fora da comunidade de pesquisa médica. Ela também iluminou a minha vida e me inspirou a escrever este livro. Eu não teria sido apresentado às possibilidades da mente sem limites se Elisabeth e seu marido, o físico Mark Comings, não estivessem tão apaixonados pelos ensinamentos *Dzogchen* (grande perfeição) de Longchenpa, mestre budista do século XII.[1] Em seus livros, eu experimentei a magia de trocar o medo e o sofrimento da nossa percepção condicionada contemporânea pela paz e liberdade da existência atemporal. Como o filósofo visionário Gurdjieff descreve a nossa condição, cada um de nós é como "uma máquina controlada de fora por meio de choques acidentais". É isso que precisamos superar.

Como cientista, sinto-me à vontade para dizer que o *Dzogchen* nos ensina a olhar diretamente para a nossa percepção e vivenciar a geometria da consciência — a relação entre a nossa percepção e o espaço-tempo em que vivemos. Adequadamente entendidos, esses ensinamentos sobre a percepção expandida e a experiência da amplitude espacial não visam ao autoaperfeiçoamento ou à conquista do poder; visam à autocompreensão: a descoberta de quem na verdade somos. Esse ensinamento antecede em mais de oito séculos meus próprios esforços da última década para mostrar às pessoas como desenvolver suas capacidades PSI. A meu ver, o eu ou o ego não é o que nós somos. Isso pode ser revelado de muitas maneiras, uma das quais é a prática da visão remota. Entre outras coisas, descobrimos por meio desse processo que somos o fluxo da percepção amorosa que fica disponível a nós sempre que estamos em silêncio e serenos. Esse é o tema básico de *Mente Sem Limites.*

Acredito que, neste plano da ilusão, nós atribuímos à vida todo o sentido que ela tem para nós. Atribuímos sentido a tudo o que experimentamos com base no condicionamento desenvolvido ao longo da nossa vida. Como se expressa *O Livro Tibetano dos Mortos*:*[2] "Como

---

* *O Livro Tibetano dos Mortos*, publicado pela Editora Pensamento, São Paulo, 1985.

uma coisa é vista, assim ela se mostra". Parece-me que nós estamos, antes de tudo, buscando a experiência do amor. Em um estado mental meditativo, podemos tomar consciência de que não somos um corpo, mas sim uma percepção ilimitada *e não local*, que anima ou reside em um corpo. Repousando no vasto fluxo da percepção amorosa — que alguns chamam de Deus —, descobrimos que, neste exato momento, já temos dentro de nós tudo o que estamos procurando. É isso o que os hinduístas chamam de *ananda* e que Jesus chamou de "a paz que ultrapassa todo entendimento". As nossas necessidades e carências são as ilusões. O caminho espiritual chamado de *Um Curso em Milagres* ensina: "Eu não sou um corpo. Sou livre... como Deus me criou."[3] Em *Mente Sem Limites*, demonstrarei que essa é uma hipótese testável que não requer crença em coisa alguma.

Os dados das pesquisas sobre visão remota mostram, sem sombra de dúvida, que a nossa mente é ilimitada e que a nossa percepção preenche e transcende o entendimento comum que temos do espaço e do tempo. As habilidades paranormais — e a visão remota em particular — apontam para a possibilidade de residirmos nesse estado de percepção expandida, atemporal, destemida e espaçosa. As habilidades paranormais não são sagradas nem seculares; são apenas habilidades humanas naturais. Podemos usá-las para encontrar nossas chaves do carro perdidas ou espaços esquivos onde deixar nosso carro no estacionamento, para prever mudanças no mercado de ações ou para descobrir quem realmente somos. Acredito que 99% do valor das habilidades paranormais reside na oportunidade que elas oferecem para autoinvestigação e autorrealização. Vejamos se podemos fazer isso juntos.

Russell Targ
Palo Alto, Califórnia
4 de agosto de 2002
(quadragésimo primeiro aniversário de Elisabeth Targ)

Apresentação

Neste livro está resumido um mundo de ideias — uma fórmula para novas maneiras de ser. Tendo como pano de fundo uma robusta pesquisa científica e anos de estudos conclusivos, ele apresenta uma perspectiva sobre a nossa humanidade que, até agora, teria parecido mais mítica do que real.

Há tempos, muitas pessoas desconfiam que os próprios conceitos de "perto" e "longe" podem ser um estratagema urdido pela nossa mente local — mais um hábito ou uma máxima cultural do que a maneira como as coisas realmente são. Mas agora descobrimos algo de que os poetas e místicos sempre suspeitaram: nossa mente é um portal para as estrelas e nosso corpo está repleto de mistérios; o que se considerou remoto é, na verdade, o nosso vizinho do lado na amplitude da mente que tudo abrange.

Russell Targ passou a vida trabalhando com a ciência da consciência e das possibilidades humanas. Seus métodos de pesquisa são, a um só tempo, rigorosos e desenvoltos, como devem ser nesses campos ainda tão pouco desbravados. E, contudo, em uma prosa elegante e lúcida, ele nos mostra o lado oculto da Lua de nós mesmos. As descrições do trabalho com visão remota que ele e seus colaboradores fizeram são convincentes e fundamentais para a nossa compreensão da capacidade humana.

Russell Targ nos proporciona uma percepção reveladora da razão pela qual às vezes recebemos informações — acerca de um lugar, um objeto ou pessoa — que não estão disponíveis aos mecanismos sensoriais normais e locais, nem podem ser explicadas pelas teorias clássicas sobre o espaço-tempo. De onde vêm essas informações aparentemente intuitivas? Por que às vezes adquirimos conhecimento com uma rapidez que se parece mais com o processo de recordar do que com o de aprender? Ao investigar essas questões, o dr. Targ integra o novo grupo de brilhantes e corajosos cientistas que estão mudando a nossa visão sobre a natureza da realidade.

Na mesma categoria deles, incluímos o biólogo inglês Rupert Sheldrake e sua teoria da "ressonância mórfica". Sheldrake estabelece a própria base da mudança de paradigma: as coisas são como são porque eram como eram. As leis da natureza não são absolutas, mas acumulações de hábitos. A lei da gravidade, por exemplo, é um hábito muito bem consolidado, provavelmente em razão do fato de que trilhões de seres ao longo de todo o universo consentiram com ele. Contudo, há relatos de que yogues, swamis e um bom número de santos católicos bateram a cabeça no teto quando se encontravam em meditação profunda ou arrebatamento espiritual. O arrebatamento nada é se não for uma mudança de paradigma.

Mudança nas leis, dissolução de hábitos, novas formas e funções surgem sempre que um indivíduo ou uma sociedade aprende um novo comportamento. Isso se deve ao fato de que estamos todos interligados por meio daquilo que Sheldrake chama de "campos morfogenéticos" — calibres organizadores que, através do tempo e do espaço, entretecem e retêm os padrões de todas as estruturas, mas que podem ser alterados conforme ocorrem mudanças em nossos pensamentos e em nossas ações. Assim, quanto mais um acontecimento, habilidade ou padrão de comportamento ocorre, mais poderoso se torna o seu campo morfogenético. Sabemos, por exemplo, que as pessoas do século XX aprenderam a andar de bicicleta e a usar máquinas mais depressa e com maior eficácia do que as do século XIX. Da mesma maneira, as crianças e adolescentes de hoje aprendem a usar computadores de uma maneira que parece ultrapassar a competência dos pais — ou, como um amigo adulto disse certa vez, quando não conseguia fazer funcionar um programa de computador: "Precisamos de um especialista. Chame o garoto da casa vizinha."

As crianças, algumas delas autistas, "sábios idiotas", pessoas em situações de risco de vida, animais que sabem exatamente quando seus donos entraram no ônibus para voltar para casa — todos participam desse fenômeno. Mas o que está por trás dele? A física de vanguarda, seu estado-da-arte, diz agora que tais fenômenos advêm do que chamam de holograma quântico. Em cada caso que mencionei, os indivíduos foram além da faixa de frequência da percepção e da memória locais e ingressaram em um campo de conhecimento no qual se pode ter acesso a quantidades imensamente maiores de informações por intermédio do holograma quântico. Sugeriu-se que esse holograma é formado por vibrações luminosas de altíssima frequência, que reteriam todo o conhecimento e todas as informações. Pode ser que a vibração luminosa de frequência mais baixa — a que se encontra dentro do espectro eletromagnético e que, assim, guia a nossa percepção — decodifique a vibração mais alta do holograma quântico.

Se examinarmos como os hologramas são criados em filme, poderemos entender, por analogia, como essa decodificação funciona. Para criar um holograma, a luz de um *laser* percorre uma série de espelhos e de divisores de feixe para formar dois feixes de luz. O divisor de feixe é um espelho com a superfície semiprateada que permite que uma parte da luz (o feixe de referência) o atravesse diretamente até o filme, enquanto a outra parte da luz é refletida (o feixe de informação) em direção ao objeto que será "holografado". Esse objeto, por sua vez, reflete luz "informada" em direção ao mesmo filme. Quando os dois feixes se encontram, ocorre uma interferência de ambos, a qual forma um padrão que é registrado no filme. Quando as ondas que constituem os feixes coincidem, ou estão "em fase", há luz suficiente para impressionar o filme, pois a energia luminosa é reforçada nos pontos de interferência. Onde os feixes estão fora de fase, a energia de um cancela a do outro e deixa um lugar escuro no filme. A reprodução do objeto resultante desse processo torna-se visível quando outro feixe de luz *laser*, ou luz coerente, incide sobre o filme e o decodifica, dando-nos a imagem.

Agora, amplifiquemos isso para uma escala universal e pensemos no filme como a matriz não local "tudo-em-toda-a-parte-ao-mesmo-tempo" — que seria o próprio holograma quântico. Não se trata de um filme, mas de um grande campo do ser — a ordem do metaverso. Em 1929, Alfred North Whitehead descreveu esse campo como o grande nexo em expansão de ocorrências para além da percepção sensorial, com o entrelaçamento de todas as mentes e de todas as coisas. Mais recentemente, o físico David Bohm se referiu a isso como a ordem primária do universo, que ele chama de *implicada* e que é implícita, encerrada (ou dobrada) na ordem manifesta, e que abriga a nossa realidade mais ou menos da maneira como o DNA no núcleo de uma célula abriga a vida em potencial e dirige o seu desdobramento.

Assim, o holograma quântico é uma ordem de puro ser, pura frequência — talvez a própria Luz essencial — que transcende todas as especificações e não conhece "aqui" ou "lá". É a instância de onde surgem os padrões e os arquétipos. É o domínio do amor e da organicidade, o chamado da evolução e a Mente que dirige. É o domínio a partir do qual as formas da realidade são engendradas, que permeia tudo e, potencialmente, está por completo disponível em qualquer parte específica da nossa realidade.

A ordem secundária é a imagem holográfica decodificada da realidade, ou o que Bohm chama de "realidade de segunda geração". Todo movimento e toda substância ocorrem, então, nessa ordem secundária e pertencem a ela — a qual é a ordem explicada, na terminologia de Bohm, ou explícita, manifesta, desdobrando-se no espaço e no tempo, repleta de gatinhos e de quasares e da necessidade de conexões com os outros. Assim, a maior parte da nossa percepção está aprisionada nessa realidade de segunda geração de Bohm, enquanto a parte eterna da nossa consciência está para sempre contida na ordem primária, implicada, ou holograma quântico. Todos nós a temos em nosso interior, o que nos permite transitar entre as duas ordens, pois o nosso cérebro parece funcionar se abrindo para ambas, por um lado como um portal para Deus e por outro como uma espécie de válvula "redutora" holográfica que traduz as coisas de Deus em estrutura e forma.

É aí que o trabalho de Russell Targ se torna importante para todos nós. Trata-se de treinar a realidade humana para que ela consiga ser fluida em alto grau, transitando entre as realidades comum e extraordinária, entre mundos locais e arquetípicos, entre domínios implicado e explicado.

A maior parte dos fenômenos — se não todos — sutis, efêmeros e inexplicáveis associados à experiência subjetiva está provavelmente ligada, direta ou indiretamente, com a natureza não local do holograma quântico. Esses fenômenos percorrem toda a gama que vai da telepatia até a experiência mística. Nesse aspecto, o que chamamos de "fenômenos paranormais" são apenas subprodutos dessa matriz "tudo-em-toda-a-parte-ao-mesmo-tempo". E a sincronicidade — aquelas ocorrências coincidentes que parecem refletir algum desígnio ou interligação superior — parece resultar da natureza propositada, padronizadora da ordem primária, na qual tudo está interligado, não importando o quão distantes estejam entre si no espaço ou no tempo. Na verdade, não existe coincidência no sentido usual, pois tudo é coincidente; daí os resultados notáveis que Targ e sua equipe conseguiram trazer à tona. O que este livro demonstra é que os fenômenos que até aqui pareceram extraordinários são na verdade apenas um fascinante subconjunto da realidade em geral. O cérebro, então, pode ser descrito em parte como um computador quântico. A consciência emerge de processos quânticos do cérebro — ou seja, da interação entre a sua percepção no âmbito do espectro eletromagnético e no do espectro quântico, o espectro da luz suprema. As pesquisas de Targ não só expressam indiretamente aquilo que a física quântica afirma — a transformação fundamental da visão de mundo científica —, mas também demonstra os aspectos quânticos inerentes em nossa natureza humana. Isso tem imensas implicações para a filosofia, a psicologia e a metafísica.

Pense na consciência local do espectro eletromagnético da luz como primeiro plano da mente e na mente quântica como o plano de fundo. Como é raro que a maioria de nós preste atenção no plano de fundo, ou não local, durante o decurso dos nossos afazeres cotidianos, nós percebemos as coisas sem a percepção sutil que nos faria entrar no jogo da plena grandeza da realidade. E, contudo, como Targ mostra de modo tão efetivo, todos nós temos essa capacidade para a percepção expandida, embora ela tenha sido atrofiada pelo hábito, pelo condicionamento e pelo entorpecimento cultural. Com os tipos de treinamento oferecidos por Targ e outras disciplinas relacionadas aos estados não comuns de consciência, é possível que muitos indivíduos consigam aprender a utilizar seus sistemas mentais-cerebrais de modo a abrir as portas de sua percepção para receber as notícias do universo. É provável que Einstein e outros que deram testemunho de enormes saltos criativos, passando depois anos à procura dos passos que conduziriam às conclusões desses saltos, estivessem na verdade tendo acesso a informações quânticas e não fazendo extrapolações a partir de dados factuais.

Dada a nossa essência holográfica quântica, a nossa mente pode bem ser omnidimensional. Acredito que a consciência tenha a capacidade inata de entrar em sintonia e modular com diferentes domínios. Isso implica que temos, dentro desses campos quânticos ressonantes de consciência, acesso a diferentes universos. Será que isso também significaria que a mente tem a capacidade para viajar no tempo, para visitar a Palestina antiga quando Cristo proferiu o Sermão da Montanha, para estar presente em consciência no momento em que foi assinada a Declaração da Independência? O passado ainda estaria presente, aninhado nas muitas frequências que compõem a mente quântica do Criador?

O que parece verdade é que, por meio da mudança de consciência, podemos vivenciar padrões mais profundos do universo. Eu acho, por exemplo, que quando alteramos a percepção direcionando-a para estados mais meditativos ou espirituais, nós nos tornamos cidadãos de um universo mais vasto com relação à percepção, tempo, espaço, dimensionalidade e possibilidade; nós operamos em frequências, dentro do espectro eletromagnético, o domínio da luz, mais altas do que aquelas que se manifestam na ordem explicada. Isso ocorre porque estamos operando a partir dos próprios padrões mais elevados — o que estou chamando de domínio arquetípico. É aí, também, que a nossa constituição psicológica é menos traumatizada pela experiência passada, é mais ampla e imprevisível e nos sentimos expandidos para um universo multidimensional.

Assim, entre muitas outras coisas, somos capazes de causar ação a distância. Esses fenômenos são observados há milênios. Se a prece não tivesse produzido alguns resultados positivos, a religião teria sido abandonada séculos atrás. Atribuir tais resultados a uma interferência sobrenatural em vez de à não localidade representa apenas um diferente modo de descrevê-los. Basta olhar para todo o trabalho feito em anos recentes para documentar a eficácia da prece, particularmente da prece curativa. Os resultados, na maioria dos casos, sugerem com muita ênfase que se trata de efeitos não locais.

Mente Sem Limites convida o leitor a voltar a atenção para essa possibilidade. Russell Targ e seus colaboradores, especialmente sua amada filha Elisabeth, trazem certeza àquilo que até recentemente era considerado meramente anedótico. Ao procederem assim, eles nos revelam um universo que é maior do que as nossas aspirações e mais rico do que todos os nossos sonhos. Nós lhes somos muito gratos.

Jean Houston

Introdução

O incognoscível fim da ciência

Muitas pessoas têm a capacidade de descrever e vivenciar acontecimentos e lugares inacessíveis à percepção comum. *Mente Sem Limites* ilustra essa capacidade perceptiva apresentando décadas de experiências sobre *visão remota*, ou percepção remota de acontecimentos. Tal capacidade foi demonstrada e documentada em numerosos laboratórios dos Estados Unidos e internacionais, incluindo o laboratório do Stanford Research Institute (SRI), na Califórnia, onde um programa de investigação a respeito dela teve início há trinta anos. Contudo, a despeito da repetida confirmação da nossa capacidade natural para essas habilidades paranormais, a ciência convencional não a aceita como real. Como se explica isso?

Na qualidade de um dos cientistas que conduziram as pesquisas no SRI, eu não tenho de acreditar na PES. Durante décadas, vi a PES ocorrer no laboratório diariamente. Como físico, não tenho de acreditar nesse fenômeno mais do que tenho de acreditar na existência de *lasers* — com os quais também trabalhei extensamente. As habilidades paranormais existem, assim como os *lasers*, como foi demonstrado repetidas vezes por centenas de estudos de pesquisa experimental. Eu acredito em bons dados científicos e experimentos reproduzidos e é isso o que descrevo neste livro.

Existe uma comunidade cética que trabalha incansavelmente para "salvar" a ciência das ações destrutivas de fraudes e charlatães. Eu a aplaudo e acredito que essa comunidade desempenha um papel importante. Na ciência, contudo, ignorar dados reais, mas imprevisíveis, constitui um erro tão sério quanto aceitar dados falsos como verdadeiros. Por exemplo, negligenciar um sinal pequeno e flutuante em um detector de turbulência do ar pode causar a queda de um avião — algo que na verdade aconteceu.

Naturalmente, nenhum de nós quer parecer crédulo, tolo ou insano. Em geral preferimos estar errados contando com o apoio de um grupo do que corretos sozinhos. Oferecer opiniões científicas contrárias ao paradigma predominante coloca quem o fez em posição semelhante à de homens atualmente respeitados como Giordano Bruno e Galileu Galilei, que sofreram em sua época por proporem opiniões científicas corretas, mas impopulares acerca do movimento da Terra. Comentando a esse respeito, Voltaire escreveu: "É perigoso estar certo em questões a respeito das quais as autoridades estabelecidas estão erradas."

Da mesma maneira, muitas pessoas hoje em dia relutam em reconhecer a realidade das habilidades paranormais, muito embora uma pesquisa Gallup de 2001 tenha demonstrado que mais da metade da população dos Estados Unidos relata haver tido experiências paranormais. Dois terços dessas pessoas que acreditam são estudantes e professores universitários entrevistados. Tais experiências, no entanto, são fortemente reprimidas nesta sociedade. Os cientistas da corrente dominante geralmente as declaram sem credibilidade e muitas religiões organizadas as declaram ruins ou mesmo de natureza maligna.

Durante milênios, os filósofos nos convidaram a descobrir quem realmente somos e que habilidades na verdade temos, mas frequentemente receamos fazê-lo porque tais investigações podem ser perigosas. Nos séculos XVI e XVII, Copérnico, Bruno e Galileu foram perseguidos porque mostraram evidências esmagadoras de que não somos, na verdade, seres especiais no centro do universo, como todos haviam sido ensinados. Em vez disso, éramos (e ainda somos) habitantes de uma das grandes rochas que gravitam ao redor do Sol, a cerca de 160 milhões de quilômetros longe dele, uma estrela situada na margem da galáxia. As pessoas sempre odiaram essa ideia. Era um ataque ao ego delas — a quem elas pensavam ser. No século XIX, quando Charles Darwin demonstrou que também somos primos em primeiro grau de macacos e chimpanzés, sofremos mais um golpe em nosso orgulho!

Outra agressão ao nosso ego ocorreu não muito tempo depois, quando Sigmund Freud mostrou que grande parte do que acreditamos e vivenciamos é governado pelo nosso subconsciente, do qual não temos nenhum conhecimento. A experiência das habilidades paranormais erode ainda mais as fronteiras do eu ao indicar que a concha psíquica que nos separa uns dos outros é na verdade totalmente porosa.

Na realidade, a física moderna mostra que a nossa consciência nos interliga intimamente. Erwin Schrödinger, físico detentor do Nobel, descreveu assim a nossa profunda interconexão:

> A consciência é um singular cujo plural é desconhecido. Existe apenas uma coisa e aquilo que parece pluralidade é apenas uma série de aspectos diferentes dessa coisa única, produzidos por uma ilusão, a maya indiana, como em uma galeria de espelhos.[1]

Tais constatações de uma consciência única podem dar origem ao medo de uma intimidade descontrolada, telepática, e de uma possivelmente perturbadora perda de privacidade. Entretanto, à medida que o nosso ego pessoal é reduzido pelos avanços do conhecimento científico, o nosso conceito de quem somos é muito ampliado. Ao aprendermos cada vez mais sobre o nosso apego ao ego, podemos participar da mais profunda intimidade sem medo de perdermos a nós mesmos. Podemos compartilhar o fluxo energético da percepção amorosa com outras pessoas e expandir o nosso conhecimento de quem realmente somos. A intimidade não deve ser temida, mas celebrada. O que descobrimos dos dados sobre fenômenos "psi" — ou fenômenos paranormais — é que somos capazes de expandir nossa consciência muito além do nosso corpo físico.

Na verdade, a descoberta fundamental dessa pesquisa demonstra que não existe limite espacial ou temporal conhecido para a nossa percepção. Em outras palavras, quando se trata da consciência, apenas um de nós existe aqui. Ou, como os budistas e físicos quânticos nos lembram continuamente, "a separação é uma ilusão".

Nenhum fim à vista para a ciência

É comum ouvirmos que o fim da física está apenas alguns anos à frente — o qual será descrito, como Michio Kaku recentemente afirmou: "com uma equação de menos de um centímetro e meio de comprimento".[2] Da mesma maneira, o físico laureado com o Nobel Steven Weinberg publicou recentemente um longo ensaio no *New York Review of Books* descrevendo sua "busca pelos princípios fundamentais que constituem a base de tudo".[3] Acrescentou, porém, que a "ciência no futuro pode dar uma guinada que não podemos agora imaginar. Mas eu *ainda não vejo o menor sinal* de tal mudança" (a ênfase é minha).

Os cientistas estiveram dizendo esse tipo de coisa há mais de um século. Por exemplo, no final da década de 1800, lorde Kelvin fez a hoje famosa declaração de que a física estava completa, a não ser pelo fato de que "apenas duas pequenas nuvens permanecem no horizonte de conhecimento da física". A primeira nuvem era a interpretação dos resultados da experiência de Michelson-Morley (que não detectou quaisquer efeitos do "éter", a respeito do qual havia tantas hipóteses) e a segunda, o malogro da teoria eletromagnética contemporânea na época em prever a distribuição espectral da radiação do corpo negro. Essas pequenas nuvens levaram à descoberta da relatividade especial, da mecânica quântica e do que hoje chamamos de física moderna.

Em 1975, no Lawrence Berkeley Laboratory, o mesmo Steven Weinberg declarou: "O que queremos conhecer é o conjunto de princípios simples dos quais as propriedades das partículas — e em decorrência tudo o mais — podem ser deduzidas." Então, na Cambridge University, em 1980, o reverenciado astrofísico Stephen Hawking disse à sua plateia: "Eu quero discutir a possibilidade de a meta da física teórica ser conquistada em um futuro não muito distante, digamos, por volta do fim do século XX. Com isso, quero dizer que podemos ter uma teoria completa, consistente e unificada das interações físicas que descreveria todas as observações possíveis." Não só isso não aconteceu, mas eu postulo ser improvável que aconteça. Enquanto escrevo isso, os físicos ainda estão lutando para explicar a matéria escura e a energia escura recentemente descobertas, bem como a muito surpreendente expansão acelerada do universo (ou, será uma mudança na velocidade supostamente constante da luz?).

A meu ver, o exemplo mais chocante de um homem brilhante dizendo algo verdadeiramente tolo é uma citação de A. A. Michelson, depois de mostrar que não existe éter, mas antes da descoberta da relatividade e da mecânica quântica. Expressando o espírito da época, ele afirmou: "As leis e fatos fundamentais mais importantes da ciência física foram todos descobertos e estão agora tão firmemente estabelecidos que a possibilidade de virem a ser complementados em razão de novas descobertas é extremamente remota."[4]

Acredito que essas declarações sobre o "fim da física", além de não serem verdadeiras, são enganosas e logicamente impossíveis. O orgulho arrogante de cientistas famosos e brilhantes ainda existe entre nós hoje em dia. A questão é muito importante porque mostra que podemos entrar em terríveis apuros quando nos tornamos totalmente incapazes de assombro e reverência, de maravilhamento ou de indagações espirituais.

Cientistas que eram grandes visionários como Einstein, Newton e John Archibald Wheeler não tinham essa carência. Aos 90 anos, Wheeler ainda indagava: "Como surgiu o universo?" Em seus escritos, Einstein disse que nós "usamos nosso intelecto para resolver problemas difíceis, mas os próprios problemas advêm de outra fonte".

Podemos muito bem perguntar: haverá um fim para a matemática? Para a biologia? Para a história? A mente humana se afastará da ciência? A curiosidade algum dia será inteiramente saciada? Eu acho que não. Daqui a mil anos, as nossas visões atuais da física parecerão tão primitivas quanto a teoria do flogístico parece hoje. (No século XVIII, acreditava-se que o flogístico fosse um elemento que causasse a combustão ou que fosse liberado por qualquer coisa ao queimar; essa ideia há muito foi descartada.)

Ensinamentos espirituais e filosóficos antigos com raízes na Índia e no Tibete afirmam que a consciência existe desde o começo dos tempos. Contudo, essa consciência não tem sido reconhecida por causa da nossa ignorância em relação à nossa verdadeira natureza. Essa ideia aparentemente radical de conexões não locais está encontrando aceitação cada vez maior entre os dados da física moderna obtidos por toda parte. Por isso, parece apropriado iniciar o Capítulo 1 com uma discussão a respeito de como a física contemporânea demonstra a existência de conexões "não locais" chamadas de estado de interconexão quântica — ou seja, uma abrangência instantânea do espaço e do tempo. No Capítulo 1, também relacionarei esses dados com ideias semelhantes do budismo e de outros ensinamentos místicos antigos, todos eles afirmando que a "separação é uma ilusão".

A visão remota é um exemplo de habilidade não local. Ela tem, repetidas vezes, permitido às pessoas descrever, desenhar e vivenciar objetos e atividades em qualquer lugar do planeta, simultaneamente ou no futuro próximo.[5] Embora ainda não saibamos como isso funciona, não deve mais pairar qualquer dúvida sobre o fato de que a maioria de nós é capaz de vivenciar lugares e acontecimentos que parecem separados do nosso corpo físico no espaço e no tempo. No Capítulo 2, apresento evidências obtidas com experiências de visão remota — tanto minhas quanto de meus colegas — que mostram a realidade dessas capacidades paranormais. Em seguida, no Capítulo 3, descrevo como você pode descobrir essas capacidades em si mesmo e incorporá-las à sua vida, incluindo exercícios detalhados que aplicamos em nossos workshops de visão remota. A prática da visão remota pode revelar-lhe mais do que simplesmente o conteúdo de um saco de papel colocado na sala ao lado; pode revelar a natureza da sua mente sem limites — quem você realmente é.

Eu exploro o tema da precognição no Capítulo 4, incluindo o que considero o fato científico mais importante da pesquisa paranormal: descrever um acontecimento que ocorrerá no futuro não é mais difícil do que descrever um acontecimento que está ocorrendo no presente momento — o que coloca em dúvida a nossa compreensão da própria causalidade.

O Capítulo 5 descreve os dados e as técnicas que as pessoas usam para diagnosticar intuitivamente as doenças. A diagnose paranormal vai além do médico capaz de tomar uma decisão correta "num estalar de dedos" assim que vê o paciente; descreveremos aqui a habilidade de diagnosticar doenças sem sequer ver o paciente! No Capítulo 6, apresentarei os dados das pesquisas mais recentes a respeito da eficácia da prece a distância e da cura a distância (categorizada como "Distant Mental Influence of Living Systems" — "Influência Mental Distante sobre Sistemas Vivos" ou DMILS). Enquanto os Capítulos 2, 3, 4 e 5 abordam a entrada de informações vinda do mundo, o Capítulo 6 examina a saída de informação, em direção ao mundo, com intenção de cura.

Por fim, no Capítulo 7 eu examino a relação entre visão remota e espiritualidade e como essa compreensão pode encher-nos de amor e libertar-nos do medo. Descrevo a prática da autoinvestigação como um modo de ultrapassarmos os nossos pensamentos, de sairmos da consciência condicionada, alcançando um modo de vida mais amplo e mais pacífico. Digo com frequência que no passado trabalhei como espião paranormal para a CIA e encontrei Deus — apenas uma das assim chamadas consequências não intencionais. (O nosso programa no SRI forneceu informações valiosas para quase todos os setores da comunidade de inteligência dos Estados Unidos durante a Guerra Fria com a União Soviética.) Nesse último capítulo, compartilharei minha experiência sobre como essa pesquisa me conduziu a ensinamentos filosóficos e espirituais que transformaram a minha consciência e mudaram a minha vida de maneira inesperada e gratificante.

MENTE SEM LIMITES

Capítulo 1

Nossa mente sem limites

Vivendo em um Universo não Local

Para ver um Mundo em um Grão de Areia
E um Céu em uma Flor Silvestre,
Segure o Infinito na palma de sua mão
E a Eternidade em uma hora.

— William Blake

Toda a vida começa no limite. As primeiras membranas celulares começaram no limite do oceano, onde secaram, foram cobertas por espuma, se resfriaram e se aqueceram. O limite, seja um litoral ou um aeroporto, é o lugar das oportunidades. Em experimentos sobre visão remota, nós descobrimos que os limites — por exemplo, onde a terra encontra a água — estão entre os locais mais fáceis de se ver paranormalmente.

Além disso, o limite constitui um lugar de transformação e de amplitude (*spaciousness*). As cidades portuárias, no limite da água, sempre têm sido uma fonte de informações, emoções e novas possibilidades. Sou grato por morar perto da linda cidade de San Francisco, no limite extremo do continente. O místico, no entanto, sabe que se encontra sempre no limite (ou em qualquer outro lugar de sua escolha) — na consciência. Não importa onde o corpo físico esteja; quando nos encontramos verdadeiramente no limite, existe a oportunidade de um acontecimento, um mestre espiritual ou um amigo desatar, um a um, os nós da limitação e nos libertar.

Neste livro, descrevo em detalhe a visão remota — um processo que lhe permite aquietar a mente e receber o *influxo* de informações provenientes de qualquer lugar do mundo. Também discuto a cura a distância, em que você pode emitir o *fluxo* de sua intenção para curar ou aliviar a dor de uma pessoa distante.

Nós começamos naquele lugar de quietude — no limite — entre o influxo e o fluxo para fora. É um lugar mental quieto onde nada, em absoluto, está acontecendo a não ser a experiência da percepção amorosa no presente momento, no agora. Esse sentimento arquetípico de não separação relativamente a toda a humanidade e à natureza é o que Jesus chamou de "a paz que ultrapassa todo o entendimento". Embora eu tenha usado com sucesso a PES para espionar os soviéticos durante a Guerra Fria — e até para prever mudanças no preço da prata no mercado de *commodities* —, é a investigação dos estados de consciência serenos e amorosos que torna o estudo das habilidades paranormais importante para mim atualmente. Como físico, estou profundamente interessado pela nossa natureza não local.

Sir Arthur Eddington foi um dos primeiros astrofísicos do início do século XX. Ele escreveu extensivamente tanto sobre a origem do cosmos como sobre suas jornadas pessoais aos domínios pacíficos e meditativos — que ele descreve como um "vislumbre da realidade transcendente". Sir Arthur afirmou:

> Se eu tivesse de colocar em palavras a verdade essencial revelada pela experiência mística, seria a de que nossa mente não está separada do mundo; e que nossos sentimentos de contentamento e de melancolia e outros sentimentos mais profundos não pertencem apenas a nós, mas também são vislumbres da realidade que transcendem os limites estreitos da nossa consciência pessoal...[1]

Essa é uma mensagem de um homem de mente sem limites, que nos convida a visitar a existência não local para além do espaço e do tempo.

O que entendemos por não localidade

Nós vivemos em uma realidade "não local", isto é, podemos ser afetados por acontecimentos que estão distantes da nossa percepção comum. Essa é uma ideia alarmante para um físico experimental, pois implica que os experimentos de laboratório estão sujeitos a influências externas que podem fugir ao controle e ao conhecimento do cientista. Na verdade, os dados das pesquisas sobre precognição sugerem vigorosamente que uma experiência poderia, em princípio, ser afetada por um sinal enviado do futuro! Desse modo, uma breve resposta para a pergunta: "Como se pode descrever paranormalmente um objeto distante?" é que o objeto não está tão distante quanto parece. Para mim, esses dados sugerem que tudo o que existe no espaço-tempo está disponível à sua consciência, exatamente onde você está. Você está sempre no limite.

A não localidade é uma propriedade do tempo e do espaço. Em um exemplo vívido de não localidade, os estudos sobre gêmeos idênticos que são separados ao nascer e criados longe um do outro mostram impressionantes semelhanças com relação aos seus gostos, interesses, cônjuges, experiências e profissões, semelhanças essas que vão além do que se poderia atribuir ao DNA em comum. Dois gêmeos criados em lugares muito distantes entre si foram ambos batizados como Jim pelos pais adotivos. Embora nunca tenham se comunicado, cada um deles se casou com uma mulher chamada Betty, divorciou-se dela e então se casou com uma mulher chamada Linda. Os dois eram bombeiros e se sentiram igualmente impelidos a construir um banco circular de cor branca em volta de uma árvore no quintal de suas respectivas casas pouco antes de se encontrarem pela primeira vez na Universidade de Minnesota. Eu posso acreditar que existam genes ligados à propensão para ser bombeiro ou músico, mas não acredito que existam genes para amar mulheres com os nomes de Linda e Betty, ou um gene que leve à construção de bancos circulares de cor branca. Isso me parece uma conexão telepática não local — inexplicável, mas real.[2]

A física da não localidade é fundamental para a teoria quântica. As pesquisas mais estimulantes na física atual consistem na investigação do que o físico David Bohm chama de "interconexão quântica", ou correlações não locais. Essa ideia foi proposta pela primeira vez em 1935, em um artigo de Einstein, Podolsky e Rosen (EPR), como suposta evidência de uma "falha" na teoria quântica. Nesse artigo, Einstein chamou a correlação não local de ação "fantasmagórica" a distância.[3] O aparente paradoxo de EPR foi mais tarde formulado como uma demonstração matemática por J. S. Bell.[4] Hoje já foi demonstrado repetidas vezes que dois quanta de luz, provenientes de uma única fonte e movendo-se na velocidade da luz em sentidos opostos, podem manter-se interligados. Nós descobrimos que cada um desses fótons é afetado pelo que acontece com o seu gêmeo, mesmo que estejam separados por muitos quilômetros de distância. John Clauser (juntamente com Stuart Freedman), na Universidade da Califórnia, em Berkeley, foi o primeiro a demonstrar a não localidade em laboratório. Recentemente, descrevendo suas impressões acerca dessas experiências, ele me disse: "Experimentos quânticos têm sido realizados com vários pares de gêmeos: fótons, elétrons, átomos e até mesmo com estruturas atômicas grandes tais como os buckminsterfullerenos, apelidados de buckybolas, que contêm 60 átomos de carbono. Talvez não seja mais possível isolar alguma coisa dentro de uma caixa."[5]

Bell enfatiza ainda mais: "Nenhuma teoria da realidade compatível com a teoria quântica pode exigir que eventos separados espacialmente sejam independentes." Ou seja, a medição da polarização de um fóton determina a polarização do outro fóton em seu local de medição distante. Essa surpreendente coerência entre entidades distantes é chamada de "não localidade" por Bell, Bohm, Clause e outros. O físico Henry Stapp, da Universidade da Califórnia, em Berkeley, afirma que essas conexões quânticas podem ser "a descoberta mais profunda de toda a ciência".[6]

Einstein, naturalmente, estava certo quando afirmou a existência de uma correlação entre fótons que se separam um do outro à velocidade da luz. Parece, contudo, que ele estava errado ao supor que essa correlação violava a teoria da relatividade, porque até agora isso parece não ocorrer. Isto é, não existe sinalização mais veloz do que a luz. A análise da EPR desde a década de 1930, juntamente com os experimentos contemporâneos, dá suporte científico à visão atual sobre a conexão não local. Porém, meus colegas e eu *não* acreditamos que as correlações do tipo EPR constituam, em si mesmas, explicações para as conexões entre uma mente e outra, mas realmente pensamos que elas sejam um inequívoco exemplo de laboratório da natureza não local do nosso universo. E é essa não localidade que torna possíveis essas conexões EPR e PES.

Os dados provenientes de pesquisas sobre o sonho também fornecem evidências convincentes de que a nossa mente tem acesso a eventos que ocorrem em lugares distantes — e até mesmo no futuro. Esse último caso foi demonstrado por J. W. Dunne em *An Experiment with Time*,[7] onde ele registrou, verificou e publicou seus sonhos premonitórios, e também por pesquisas sobre visão remota realizadas no SRI e na Universidade de Princeton. As pesquisas em Princeton demonstraram conclusivamente que a visão remota existe, com um desvio de 10^{-10} com relação à expectativa de acaso (isto é, a probabilidade de que a visão remota seja produto do acaso é de um em dez bilhões). Eles descobriram, com base em 277 testes formais de visão remota, que não há qualquer evidência de diminuição da precisão ou da confiabilidade quando se olha para eventos que ocorrem alguns dias à frente no futuro ou a milhares de quilômetros de distância. Ou seja, descrever por meio da visão remota a aparência que o local escolhido terá amanhã não é mais difícil do que descrever a aparência que ele tem agora.[8]

Immanuel Kant afirma que espaço e tempo são apenas modos de percepção humana e não atributos do mundo físico. Esses modos constituem filtros poderosos da nossa própria invenção e frequentemente servem para limitar a nossa experiência.

Eu sei, com base em dados experimentais obtidos com pesquisas sobre os fenômenos *psi* no meu laboratório no SRI, que um vidente pode concentrar a atenção em um local específico em qualquer lugar do planeta (ou fora dele) e, com frequência, descrever o que existe lá. Os experimentos no SRI mostraram que o vidente não está limitado ao momento presente. Na física contemporânea, chamamos essa capacidade de concentrar a atenção em pontos distantes do espaço-tempo de "percepção não local". Dados obtidos nos últimos 25 anos mostram que um vidente pode responder a qualquer pergunta sobre acontecimentos ocorridos em qualquer lugar no passado, presente ou futuro e estar correto em mais de dois terços das vezes. Para um visualizador remoto experiente, o índice de respostas corretas pode ser muito maior.

O físico David Bohm argumenta que nós entendemos muito mal a ilusão da separação no espaço e no tempo. Em seu manual *The Undivided Universe*, ele desarma a ilusão de separação quando escreve sobre a interconexão quântica: "As características essenciais da ordem implicada são as de que todo o universo está de alguma maneira contido em cada coisa e que cada coisa está contida no todo."[9]

Essa afirmação fundamental descreve a metáfora da ordenação holográfica do universo. Ele afirma que, como um holograma, cada região do espaço-tempo contém as informações sobre cada um dos demais pontos do espaço-tempo. Essas informações estão prontamente disponíveis à nossa percepção. No universo holográfico de David Bohm, há uma unidade de consciência — uma "mente coletiva maior" — sem limites de espaço ou de tempo.

Na perspectiva do paradigma atual da física moderna, não há contradição entre os dados da visão remota e a unicidade vivenciada da consciência. O físico Eugene Wigner, ganhador do prêmio Nobel, escreveu: "Não podemos formular as leis da mecânica quântica sem recorrer ao conceito de consciência."[10]

A descrição física mais satisfatória dos fenômenos *psi* que examinei (com a física teórica Elizabeth Rauscher) é um modelo matemático não local do espaço-tempo conhecido como "espaço de Minkowski complexo".[11] Herman Minkowski inventou o espaço-tempo quadridimensional que Einstein usou para descrever sua relatividade especial. O espaço de Minkowski comum consiste em três dimensões reais de espaço (x, y, z) e uma dimensão imaginária de tempo (ict), em que "i" é a raiz quadrada de —1, "c" é a velocidade da luz e "t" é o tempo. Esse modelo é consistente com os fundamentos da mecânica quântica, com o formalismo de Maxwell para o eletromagnetismo e com a teoria da relatividade. É muito importante que qualquer modelo construído para descrever o fenômeno *psi* não gere ao mesmo tempo físicas estranhas ou incorretas.

O espaço de Minkowski complexo é um modelo puramente geométrico formulado com base em coordenadas de espaço e de tempo, em que cada uma das três familiares coordenadas espaciais (distância) e a coordenada temporal (tempo) é duplicada em suas partes real e imaginária — perfazendo um total de seis coordenadas espaciais e duas temporais. Existem agora três coordenadas espaciais reais e três imaginárias, junto com a coordenada de tempo real e a imaginária.

A *métrica* (o padrão para medirmos a distância e o tempo) desse espaço complexo octodimensional é uma medida da estrutura do espaço-tempo onde vivemos. Dentro dessa estrutura, podemos definir a maneira como alguém se move, física ou paranormalmente, ao longo de uma trajetória do espaço-tempo denominada "linha de universo". Esse movimento pode ser tão trivial como encontrar com um amigo amanhã às 4 horas da tarde na esquina das ruas 42nd Street e Broadway, ou tão cósmico como vivenciar a unicidade com o universo. Essencialmente, a visão remota em tempo real — ou qualquer experiência paranormal — exige que a percepção do indivíduo não esteja separada (ou que esteja "próxima") de um alvo específico em um local distante. Essa capacidade para ter acesso não local a informações bloqueadas à percepção comum pode ser descrita como o resultado de uma aparente separação nula entre o vidente e o alvo. De maneira semelhante, para a precognição ocorrer, é preciso que a pessoa esteja contígua, em percepção, ao evento futuro que é pressentido. O modelo do espaço octodimensional complexo pode sempre fornecer uma trajetória (a "linha de universo") no espaço e no tempo que conecta o vidente a um alvo remoto para que ele experimente a distância espacial e/ou temporal nula na métrica.

Aparentemente, a separação pode existir ou não no domínio da consciência, dependendo da intenção da pessoa. Ficou evidente para a dra. Rauscher e para mim que as habilidades da visão remota são fundamentais para o nosso entendimento da própria consciência. Na verdade, a função *psi* pode constituir o meio usado pela consciência para se fazer conhecida tanto no mundo físico como no interior.

A dra. Rauscher e eu reconhecemos que cada teoria do ser é perecível, e que algum dia se poderá chegar à conclusão de que o espaço de Minkowski complexo não é o melhor modelo para a função *psi*. Nós estamos confiantes, contudo, que dois fatores permanecerão: 1) que esses fenômenos não resultam de uma transmissão energética, e 2) que, em vez disso, eles são a interação de nossa percepção com o espaço-tempo hiperdimensional não local em que vivemos.

Como a consciência tem acesso a esse espaço não local? Acreditamos que ela o faça por meio da intencionalidade, que é fundamental para qualquer processo que seja orientado para um objetivo, inclusive para recuperar os fatos na memória. Na verdade, a universalidade da não localidade está simplesmente aí, existindo como a natureza fundamental do espaço e do tempo. Isto é, não se trata de uma coisa física, mas está disponível para se ter acesso a ela à vontade.

Agora, parece claro que pessoas comuns sejam capazes de ter acesso a espaço não local. Vimos resultados extraordinários em centenas de testes de visão remota com centenas de videntes, em laboratórios e em workshops públicos em todo o mundo. Sem dúvida, podemos aprender a usar a consciência intuitiva de uma maneira que transcende o entendimento convencional do espaço e do tempo para descrever e vivenciar lugares e acontecimentos que estão bloqueados à percepção comum. Toda a força convincente dos dados apresentados neste livro mostra que isso é verdade.

Portanto, o fenômeno existe, mas como funciona? Não temos uma resposta completa para essa pergunta, embora algumas coisas a respeito dessa resposta já sejam conhecidas. Por exemplo, os dados provenientes de cem anos de pesquisas sobre os fenômenos *psi* mostram que não há redução significativa na precisão de qualquer tipo de PES com o aumento da distância entre o vidente e o objeto visualizado. Também sabemos que olhar para uma curta distância no futuro não é mais difícil do que descrever um alvo escondido no momento presente. Os dados que fundamentam essas duas afirmações, provenientes do SRI e de Princeton, são muito sólidos.

Também podemos concluir desses dados que é muito improvável que qualquer tipo de campo eletromagnético esteja envolvido no transporte de sinais *psi*. Essa conclusão se deve ao fato de que a própria geometria do nosso espaço tridimensional requer que a intensidade do sinal diminua à medida que você se afasta da fonte. Na verdade, a intensidade de um sinal eletromagnético diminui em proporção com o quadrado da distância. Isto é, o sinal de rádio que você recebe de um transmissor que está a 16 quilômetros de você é cem vezes mais fraco do que um sinal que você sintonizou vindo de uma fonte a 1,6 quilômetro. Com uma distância 16.000 quilômetros, como em nossos experimentos de Moscou a San Francisco, o sinal de rádio seria cem milhões de vezes mais fraco do que a 1,6 quilômetro de distância. Mesmo assim, não constatamos, em absoluto, a menor evidência de uma diminuição da habilidade *psi* relacionada com a distância, muito embora o modelo popular de PES envolva alguma espécie de rádio mental em que a minha mente "envia um sinal" para a sua mente. Nós acreditamos que esse modelo provavelmente não é verdadeiro.

Apesar do problema com esse modelo, há um livro maravilhoso chamado *Mental Radio*, escrito originalmente em 1930 pelo grande romancista e jornalista de casos escandalosos norte-americano Upton Sinclair.[12] Esse livro contém uma descrição extremamente valiosa de processos paranormais, feita pela mulher de Sinclair, Mary Craig, que era dotada de intensa capacidade paranormal. Sinclair e sua mulher realizaram centenas de experiências extremamente bem-sucedidas com desenhos de imagens. O livro conta até com um prefácio favorável de Einstein, que era amigo do casal.

Os dados sugerem que, em vez do envio de sinais, o que acontece é que a informação desejada está sempre presente e disponível. Na visão remota, como também na cura, a intenção focalizada do agente evoca a informação. Os agentes de cura paranormal e os videntes remotos atuam como mensageiros. Na visão remota, o vidente traduz as impressões transmitidas pelas informações em desenhos e conceitos verbais. Em um diagnóstico paranormal, o agente de cura interpreta as impressões provenientes do paciente e as converte num diagnóstico clarividente, e algumas vezes em ações que manipulam energia para solucionar um problema no corpo do paciente. A cura espiritual apresenta ainda outro elemento, por meio do qual o agente de cura funciona como um conduíte de informações terapêuticas para o paciente, vindas da comunidade espiritual onde todos nós residimos, ou de Deus. Aqui, o agente de cura não traduz a mensagem acessada da não localidade, a qual estimula diretamente as células do paciente para que se reorganizem em um padrão saudável.

Para parafrasear o eminente físico John Archibald Wheeler, nós diríamos mais uma vez que a descrição do mecanismo das habilidades paranormais será encontrada na geometria do espaço-tempo e não nos campos eletromagnéticos. O que Wheeler na verdade disse foi: "Não existe nada no mundo exceto o espaço vazio curvo. A matéria, a carga, o eletromagnetismo... são apenas manifestações da curvatura do espaço. A física é geometria!"[13] Quando fez essa afirmação, em 1957, o que Wheeler tinha em mente era que, apesar do sucesso da teoria quântica, o enfoque geométrico fornece um modelo mais abrangente do espaço-tempo. Além disso, as leis da física que experimentamos, tais como as da gravidade e da força, derivam principalmente das leis da simetria e da geometria da métrica espaçotemporal. As leis da simetria descrevem o fato de que um dado experimento físico conduzido em diferentes lugares ou tempos precisa gerar o mesmo resultado. A lei da conservação da energia, que é o fundamento da física, pode ser derivada explicitamente dessas leis de simetria. Do mesmo modo, acredito que, como o fenômeno *psi* precisa ser compatível com a física, sua explicação também será derivada da geometria do espaço-tempo.

Quando afirmamos que a futura descrição da física do fenômeno *psi* virá da geometria, o que queremos dizer é que costumamos considerar esse fenômeno como paradoxal porque presentemente interpretamos de maneira errada a natureza do espaço-tempo em que nos encontramos. A imagem "ingenuamente realista" que temos da nossa realidade nos apresenta como indivíduos separados, acomodados em nossas respectivas posições bem determinadas no espaço-tempo. Porém, nos últimos trinta anos, a física moderna vem afirmando que esse modelo não está correto.

Se essa explicação não parece muito clara, é provavelmente porque, apesar de Einstein ter publicado essas ideias sessenta anos atrás, nem todos os cientistas mais inteligentes do mundo ainda não chegaram a um consenso sobre todas as implicações dessas conexões não locais. Com efeito, o ganhador do prêmio Nobel Brian Josephson escreveu sobre os experimentos da física quântica:

> A existência de tais influências ou conexões remotas é sugerida mais diretamente pelos experimentos com fenômenos como a telepatia (conexão de uma mente com outra) e a psicocinese (influência direta da mente sobre a matéria), sendo ambas exemplos das chamadas funções psi (...). Pode-se imaginar que a vida exista desde o início como uma totalidade cooperativa, diretamente interligada a distância por interações não locais do tipo Bell, acompanhando quais modificações ao longo do curso da evolução causaram a interligação direta dos organismos uns aos outros (...). É possível observar similaridades conceituais entre as habilidades psi e as habilidades comuns, por exemplo, entre as habilidades perceptivas da audição e da telepatia, por um lado, e entre as formas de controle da matéria envolvidas no controle do corpo e a psicocinese, por outro.[14]

Tradições espirituais e filosóficas

Além das teorias dos físicos, as obras de poetas e filósofos (algumas delas mais antigas do que os tempos bíblicos) expressaram a ideia de que as separações físicas são mais ilusórias do que reais. Os ensinamentos budistas, seguindo a tradição védica mais antiga de 500 a.C., afirmam que os desejos, os julgamentos e o apego humanos, que surgem de distinções tais como "aqui e não aqui", "agora e não agora", constituem a causa de todo o sofrimento do mundo.

Aldous Huxley descreve os vários níveis de percepção associados à "filosofia perene", expressão que designa o mais elevado fator comum a todas as principais tradições de sabedoria e religiões do mundo.[15] O princípio básico da filosofia perene de Huxley é que a consciência constitui o bloco de construção fundamental do universo; o mundo se parece mais com um grande pensamento do que com uma grande máquina. E os seres humanos podem ter acesso a tudo do universo por meio da sua própria consciência e da sua mente não local. Essa filosofia também sustenta que nós temos uma natureza dual, tanto local como não local, material e não material. Por fim, a filosofia perene ensina que o propósito da vida é o de se tornar uno com a consciência universal, não local e amorosa que está disponível a todos nós. Ou seja, o propósito da vida é o de se tornar Um com Deus e então ajudar os outros a fazerem o mesmo.

De acordo com essa visão de mundo, por meio da meditação experimentamos uma crescente consciência da unidade à medida que percorremos a "grande cadeia" dos níveis de percepção físico, biológico, mental, espiritual e etérico. Por meio da meditação, vivenciamos a profunda percepção reveladora de que não *somos* um corpo, mas *temos* um corpo. Até mesmo a ideia de "um" é por fim descartada em favor da experiência de percepção expandida.

A lição segundo a qual a separação é ilusória vem sendo enfatizada pelos místicos há pelo menos 2.500 anos. O hinduísmo ensina que a consciência individual (*Atma*) e a consciência universal (*Brahma*) são uma só consciência. (Como mencionei nos Agradecimentos, o físico Erwin Schrödinger considerava essa observação como a afirmação mais profunda de toda a metafísica.)[16] Nos Sutras de Patanjali, escritos cem anos depois da época de Buda, o grande mestre hinduísta nos ensinou que um ser "realizado" alcança um estado de percepção amorosa em que "o Vidente se estabelece em sua própria natureza essencial e fundamental (autorrealização)". A visão segundo a qual a vida em que todos estamos ligados a Deus e em que o "Reino de Deus" está dentro de nós, esperando para ser realizado e vivenciado, é parte das tradições judaica e cristã

— principalmente no Evangelho de Tomé.[17] Aprendemos que a fonte amorosa que estamos procurando está prontamente disponível quando fazemos contato com o grande "Eu Sou" dentro de cada um de nós.

No judaísmo, a comunidade local de espírito é frequentemente mencionada como *HaShem* (a Palavra), enquanto no cristianismo ela é chamada de Espírito Santo ou Emanuel (o Deus imanente ou que habita dentro de nós). Essa visão de uma comunidade de espírito provavelmente surgia entre místicos de todas as tradições sagradas, cuja meditação os levava a experimentar sentimentos oceânicos de unicidade e união de mentes com mentes. Essa realização pode ser de curta ou longa duração, espontânea ou resultante de prática religiosa, mas constitui uma característica constante da vida humana.

Quando escrevo sobre "realização", estou descrevendo um estado em que o praticante atinge a sabedoria de quem ele é e a incorpora, integrando-a em sua vida diária, pensamentos e atividades. Nós costumamos reconhecer "o despertar" como o primeiro passo para essa realização. O despertar pode ocorrer em um piscar de olhos, frequentemente por meio da transmissão direta da graça que nos abre o coração (que o rompe) por um mestre desperto.

A meditação e o trabalho com um mestre espiritual, como o meu trabalho com a mestra espiritual Gangaji, são dois caminhos maravilhosos e comprovados de autorrealização. Porém, a música sublime, a sexualidade controlada e até mesmo o uso de certas drogas potencialmente perigosas tais como o MDMA (Ecstasy) podem estimular um despertar espiritual juntamente com uma experiência de vastidão transcendente, de ser uma unidade com Deus.[18] A professora de tantrismo Margot Anand, personalidade inspiradora e revigorante em sua capacidade para afirmar a vida, descreve essa oportunidade de acordo com a sua tradição. Ela escreve: "Amantes habilidosos se tornam instrumentos divinos em uma sinfonia de delícias. Sua comunhão é êxtase, o estado mais elevado de autoconhecimento [autorrealização] e autoesquecimento [vastidão]." Quem não gostaria de fazer parte disso?! Na minha opinião, a abordagem do amor sensibilizadora e bem-humorada de Margot, que nos leva a abrir o nosso coração, pode ajudar-nos a nos recuperar dos danos terríveis que os nossos próprios fundamentalistas, os puritanos, causaram na psique norte-americana.

A divindade tibetana Samanthabhadra é um *bodhisattva* (o iluminado que adia sua própria iluminação suprema para promover a iluminação de outros) compassivo, cuja imagem é frequentemente representada nos inspiradores Dzogchen, textos budistas de autolibertação. Esses ensinamentos pressupõem que você já seja um ser de coração aberto, amoroso, sereno, disposto a experimentar o caminho mais curto para a consciência da vastidão e da eternidade. Samanthabhadra é invariavelmente mostrado no abraço amoroso e sexual com sua companheira, Samanthabhadri. Do mesmo modo, na física quântica o universo material é representado por equações chamadas de funções de onda, termo cunhado por Erwin Schrödinger, o qual nos ensinou que, para se manifestar como objeto material, qualquer entidade precisa aparecer acompanhada pelo seu complexo conjugado. Em outras palavras, tanto sua parte real como a imaginária precisam estar presentes. E é por isso que essas duas divindades amorosas são sempre mostradas juntas; para que qualquer uma delas se manifeste, é necessária a presença de ambas, como os polos norte e sul de um ímã. A troca de energia amorosa é o que Margot nos encoraja a experimentar em nosso caminho de autodescoberta.

Ilustração 1. Samanthabhadra, Buda primordial, e sua consorte.

Eu disse certa vez à antropóloga Margaret Mead que me sentia desapontado com a falta de aceitação da PES pela comunidade científica. Ela me respondeu com austeridade que eu não deveria me queixar porque, afinal de contas, Giordano Bruno foi queimado na fogueira pela Inquisição no século XVI por defender ideias não muito diferentes das que eu estava expressando. Bruno acreditava na unidade de todas as coisas e se opunha vigorosamente ao dualismo aristotélico que separava o corpo e o espírito. Ele nos exortava a todos para que realizássemos a união com a "Unidade Infinita" em um universo infinito.

Baruch Espinosa, no século XVII, tinha uma visão de mundo semelhante; como era judeu, teve sorte em escapar da Inquisição. Contudo, foi banido de sua própria sinagoga em razão do seu modelo panteísta de "todas as coisas juntas" inclusive Deus. Einstein afirmou que "acreditava no Deus de Espinosa", que nós entendemos ser o princípio organizador do universo. Na tradição Dzogchen, nossa experiência pessoal desse princípio profundo é conhecida como *dharmakaya*, considerada equivalente à experiência da percepção amorosa indiferenciada, ou *vajra* (essência-coração). É o veículo e a dimensão por meio dos quais experimentamos diretamente os princípios organizadores do universo (o *dharma*).

A filosofia de uma conexão universal entre todas as coisas foi ensinada na década de 1750 pelo bispo George Berkeley, que pode ser considerado um dos primeiros transcendentalistas. Ele sentia que o mundo era imensamente mal compreendido pelos nossos sentidos comuns e que a consciência era o terreno fundamental de toda a existência. Essa ideia também foi expressa por Ralph Waldo Emerson no século XIX e, hoje, pelas igrejas Christian Science, Science of Mind e Unity.

O tema coerente entre todas elas é o da existência de uma parte essencial de todos nós que é compartilhada. O famoso psiquiatra suíço Carl Jung descreveu nossas ligações mente-para-mente em função do conceito de "inconsciente coletivo". O judaísmo contemporâneo ensina uma visão semelhante para expressar a nossa interligação. O rabino Lawrence Kushner, respeitado teólogo judeu, nos diz que:

> Os seres humanos estão unidos uns aos outros e a toda a criação. Todos desempenhando suas tarefas, fazendo comércio com os vizinhos. Obtendo nutrição e sustento de um número inimaginável de outros indivíduos. Nascendo, crescendo até a maturidade, procriando. Morrendo. Frequentemente sem ter a mais vaga consciência de sua função indispensável e vital no "corpo" maior (...). Toda a criação é uma pessoa, um ser, cujas células estão interligadas dentro de um meio chamado consciência.[19]

Historicamente, a crença em nossa natureza interligada tem se baseado, em grande parte, nas experiências pessoais dos que promoveram essa visão. Hoje, reconhecemos que o simples fato de grande número de pessoas ter acreditado em alguma coisa durante vários milênios (por exemplo, que a Terra é plana) de maneira alguma significa que essa coisa seja verdadeira. Como, então, saber se essa visão de uma comunidade de espírito é uma grande tolice sem qualquer relação com a natureza ou com um conceito legítimo do funcionamento do mundo? A abordagem científica usual consiste em verificar se o modelo oferece previsões testáveis.

A ideia de que nossos pensamentos transcendem o espaço e o tempo definitivamente não é nova. Na coletânea de ensinamentos budistas de 500 a.C. registrados no *Prajnaparamita*, aprendemos em quase todas as páginas que a nossa aparente separação é uma ilusão e que existe "apenas um de nós aqui" em consciência — talvez nem mesmo um.[20] Uma vez que essa conexão espiritual é experimentada, a compaixão por todos os seres é a consequência natural.

Nós temos a oportunidade de vivenciar um "eu", mas isso não é o que realmente somos. Na verdade, nos ensinamentos do eneagrama, uma análise tradicional sufi de traços de caráter e comportamentos, o eu ou ego é uma fixação que vem do passado; é a existência condicionada — exatamente o que nós não somos.[21] O eneagrama, trazido para nós na década de1970, procura nos tornar conscientes do quanto vivemos apegados, como em uma espécie de transe, à história de quem pensamos ser. O nosso "cartão de visita", com o qual desperdiçamos tanta atenção, constitui na verdade um "cartão de história" que entregamos às pessoas para contar-lhes quem pensamos que somos. Se acreditamos nessa história, essa crença pode causar-nos um grande sofrimento.

Em seu livro sobre o eneagrama, o psicólogo e mentor espiritual Eli Jackson-Bear torna pungentemente clara essa ideia importante. Ele escreve:

> Quando a identificação muda de um determinado corpo (...) para a totalidade do ser, a alma compreende a si mesma como consciência pura e ilimitada. Essa mudança de identificação é chamada de Autorrealização ou Autocompreensão. Nessa compreensão, você não apenas descobre que o amor é tudo o que existe, *mas também descobre que esse amor é quem você é.*[22]

Lógica tetravalente

Acredito que não somos nem um "eu" nem um "não eu", mas sim que nós somos percepção residente em um corpo. Trata-se do tipo de aparente paradoxo sobre quem somos que pode não se resolver dentro do contexto que chamamos de "lógica bivalente aristotélica" — o sistema lógico básico de todo o pensamento analítico ocidental. Na lógica bivalente, estruturamos a nossa realidade com perguntas do tipo: "Somos mortais ou imortais?", "A mente ou alma é parte do corpo?" ou "A luz é feita de ondas ou partículas?" Mas nenhuma dessas perguntas tem como resposta "sim" ou "não". A exclusão de um terreno médio entre os polos da lógica aristotélica é fonte de muita confusão. Outros sistemas de lógica foram sugeridos em textos budistas; Nagarjuna, grande mestre em dharma e filósofo do século II, introduziu um sistema lógico tetravalente no qual os enunciados sobre o mundo podem ser (1) verdadeiros, (2) falsos, (3) tanto verdadeiros como falsos, e (4) nem verdadeiros nem falsos — caso que Nargajuna acreditava ser o mais comum —, iluminando desse modo o que é conhecido como o caminho do meio budista.[23] De acordo com Nagarjuna, Buda ensinou primeiro que o mundo é real. Em seguida, ensinou que é irreal. Para os alunos mais astutos, ensinou que é real e irreal. E para aqueles que mais progrediram no caminho, ensinou que o mundo não é nem real nem irreal, que é o que diríamos hoje. (Numa entrevista publicada na revista *What is Enlightenment?*, o Dalai Lama citou Nagarjuna como uma das pessoas verdadeiramente iluminadas de todos os tempos. Acredita-se que ele seja contemporâneo de Garab Dorjé, o descobridor espontaneamente desperto do Dzogchen.)

A lógica bivalente (V-F) de Aristóteles que usamos todos os dias é simplesmente inadequada para descrever os dados da física moderna, enquanto o sistema de lógica tetravalente parece totalmente fora das considerações e do pensamento ocidentais. Um aparente paradoxo da física que pode encontrar solução na "lógica tetravalente" é o chamado paradoxo onda/partícula. Sabe-se bem que, sob as condições de vários arranjos experimentais, a luz exibe propriedades de onda ou de partícula. Mas qual é, então, a natureza essencial da luz? Essa pergunta pode não ser acessível ao sistema lógico que nos é familiar e talvez seja melhor abordá-la com um sistema lógico mais amplo. Nós podemos dizer, por exemplo, que a luz: (1) é uma onda, (2) não é uma onda, (3) é onda e é não onda ou, mais corretamente, (4) nem é onda nem é não onda.

É assim que cada um de nós pode ser tanto um "eu" como um "não eu" — separados enquanto corpos e não separados enquanto consciência. A lógica tetravalente mostra que o assim chamado problema da dualidade mente-corpo não é um paradoxo, em absoluto. Discuto isso aqui porque a lógica tetravalente é realmente a acompanhante da não localidade, onde as coisas não são separadas nem não separadas.

Nos sutras de Patanjali, que ainda são publicados, o grande mestre não tinha como objetivo principal despertar o interesse das pessoas pelo desenvolvimento de suas habilidades paranormais.[24] Ele estava na verdade escrevendo um guia que ensinava como atingir a iluminação — como vivenciar Deus. Ele diria que conhecer Deus é parte do conhecer a si mesmo. O místico observou que, quando aprendem a aquietar a mente, as pessoas começam a ter todo tipo de experiências interessantes, tais como ver a distância, vivenciar o futuro, diagnosticar doenças, curar doentes, e muito mais. Mas o seu objetivo era o de ajudar os seus alunos a alcançar a transcendência, em vez de exibir esses *siddhis,* ou poderes.

Eu vejo essas habilidades, e as interconexões mentais que elas implicam, como parte da "filosofia perene", e acredito que elas devam ser vistas como um material de experiências em vez de itens de crença. Elas fornecem uma oportunidade de ultrapassar o paradigma (ou religião) contemporâneo aceito do "materialismo científico", no qual nós somos concebidos apenas como um tipo extraordinário de *carne perceptiva.*

Patanjali também deu instruções passo a passo para o que poderia ser chamado de onisciência, como também para colocar a mente em repouso. Ele ensinou que se alguém quiser ver a lua refletida em um tanque de água, ele precisa esperar até que toda ondulação tenha cessado. A mesma coisa precisa acontecer com a mente. Ele escreve que a "yoga (união com Deus) é a aquietação das ondas da mente" e é o primeiro passo tanto para a transcendência como para o conhecimento de Deus. A obtenção da onisciência não significa que nós podemos conhecer tudo. Mas, ao fazer uma pergunta de cada vez, poderemos saber tudo o que precisamos saber. É importante lembrar que esses ensinamentos não se destinam apenas ao autoaperfeiçoamento; eles foram criados como um guia para a autorrealização, ou para a descoberta de quem somos nós. Existe uma recorrente advertência budista segundo a qual "nenhum poder deve ser procurado antes da sabedoria" (ou liberação da ilusão de quem nós somos). Isto é, embora você possa sentir que a onisciência está chegando, não se prenda a ela!

Aqueles que procuram a verdade espiritual no Ocidente podem escolher cultivar conscientemente o que as tradições espirituais do Oriente descrevem como "atenção plena", desenvolvendo aquilo que pode ser chamado de "intimidade com a quietude". No livro de Andrew Harvey *The Essential Mystics,* ele afirma que podemos descobrir que a verdadeira espiritualidade não se manifesta por um escapismo passivo da vida terrena mas, ao contrário, ela diz respeito a um objetivo que procuramos ativamente conquistar aqui "inteiramente presentes". Ele descreve a experiência do amor oceânico que está disponível para a mente tranquila:

> Ela sempre transcende tudo o que pode ser dito sobre ela, e se mantém sempre imaculada diante de qualquer tentativa humana para limitá-la ou usá-la para qualquer propósito egoísta. Os místicos de todas as épocas e tradições têm despertado em maravilha e êxtase diante dos sinais dessa eterna Presença e sabem que o seu mistério é um mistério de relação e amor.[25]

Mente Sem Limites é um convite para a experiência desse elixir de amor, que vai além do romance. Embora um corpo possa definitivamente ser um veículo de transformação, o amor no sentido budista não diz respeito aos corpos; é a sabedoria unida à compaixão. Para dar o primeiro passo que nos leva a residir nesse estado de percepção amorosa, Longchenpa, o mestre Dzogchen nos ensina que devemos sair de nossa condescendência diária para com a *percepção condicionada* e aprender a nos tornarmos conscientes da *existência atemporal*, e nos encaminharmos em direção a ela. A percepção condicionada é uma distorção das nossas percepções e experiências diárias causada por todos "os dardos e setas da fortuna ultrajante"* que sofremos durante o curso inteiro de nossa vida. Quase todos os ensinamentos espirituais nos falam — frequentemente para a nossa irritação e aborrecimento — que essas experiências são meramente ilusórias. O que estamos lutando para alcançar é a desilusão. A percepção condicionada é o processo insano de focalizarmos uma atenção ansiosa e temerosa no futuro, enquanto nos sentimos culpados pelo passado, e perdemos inteiramente o contato com o presente.

A Course in Miracles (Curso em Milagres), que eu discuto no capítulo final, explica que por "ilusão" nos referimos ao fato de que subconscientemente atribuímos todos os significados que existem a tudo o que vivenciamos — geralmente com base em algo do passado. Os fatos se sucedem, e temos então uma oportunidade para vivenciá-los com a percepção despida e livre de preconceitos, ou podemos empurrar os acontecimentos por meio do nosso sistema de filtros e atribuir-

* *Hamlet*, Ato III. (N. T.)

lhes sentido de acordo com a configuração atual de medos, julgamentos e inquietude.

Um dos importantes ensinamentos que o Dzogchen sempre repete é o de que *samsara* (a existência material em nossa quotidiana "corrida de ratos") é o mesmo que *nirvana* (o estado de bem-aventurança da percepção incondicionada e amorosa). Como isso poderia ser? Meu entendimento desse paradoxo é o de que ambos são simplesmente ideias mantidas na mente. Como ideias, um dos estados não é mais real do que o outro. Como qualquer ideia, assustadora ou agradável, ela pode ser liberada para flutuar e estourar como uma bolha de sabão. Embora fossem elaborados no século VIII, esses ensinamentos apresentam grande aceitação hoje em dia, até mesmo nos engramas da psicanálise freudiana. Engramas são memórias enterradas de traumas, abusos ou doutrinação, de onde se originam nossos temores, prejulgamentos e reações subconscientes, e que a todo o tempo dão significado e cor para a nossa experiência — sem que saibamos o porquê.

O mestre Dzogchen espontaneamente desperto Garab Dorjé ensinou o que ele sabia por experiência direta: que a nossa percepção é não local e não está limitada pelo espaço e pelo tempo. Todos nós podemos conhecer atualmente essa verdade, com base nos dados trazidos a nós por indivíduos paranormais e pela parapsicologia. Mas a minha esperança e a razão que me levou a escrever este livro são as de incentivá-lo a investigar pessoalmente a oportunidade divina da experiência direta da percepção livre e atemporal.

A recompensa por embarcar em um caminho de aquietamento mental é um profundo sentimento pessoal de liberdade e de vastidão. Você deve se lembrar de que há 2.400 anos, nosso amigo Patanjali dizia que acalmar a mente é o mesmo que a união com Deus. Parece que isso ainda é verdadeiro hoje em dia.

CAPÍTULO 2

Num dia claro nós podemos ver para sempre

O QUE SABEMOS SOBRE VISÃO REMOTA

A visão remota não é um caminho espiritual, mas essa função paranormal constitui um passo na direção da percepção consciente — a mente não local revelando-se para que, por meio dela, nós possamos ver.

Ao longo do tempo, eu me sentei em uma escura sala de entrevistas com centenas de videntes remotos que compartilhavam comigo as suas imagens mentais. É um fato comprovado que as pessoas podem experimentar uma conexão mente a mente umas com as outras. Elas também podem expandir sua percepção de modo a poder descrever e vivenciar o que está acontecendo em lugares distantes. Cinquenta anos de dados publicados provenientes de todas as partes do mundo testemunham isso.

No outono de 1972, o dr. Hall Puthoff e eu iniciamos um programa de pesquisas sobre fenômenos paranormais no Stanford Research Institute (SRI). Éramos ambos físicos especialistas em *laser*, e por muitos anos havíamos realizado pesquisas para várias agências do governo dos Estados Unidos.[1] Nosso grande parceiro e professor no SRI era o artista nova-iorquino e paranormal altamente conceituado Ingo Swann. Ingo apresentou a visão remota a Hal e a mim — e ao mundo. Na verdade, a cadeia de acontecimentos aconteceu assim: Ingo nos ensinou sobre visão remota, nós a ensinamos ao exército e o exército a ensinou ao mundo.[2] A história do nosso programa é descrita em vários livros, incluindo *Miracles of Mind*.[3]

Na época em que iniciamos o nosso programa de pesquisas sobre os fenômenos *psi*, Hal já havia realizado um experimento extraordinário com Ingo. Nele, Ingo conseguiu, por vias paranormais, descrever e afetar a operação de um magnetômetro supercondutor fortemente blindado, que fora enterrado num porão do prédio de Física da Stanford University. (Isso deu origem à primeira das muitas investigações do governo sobre as nossas atividades.)

Como resultado desse teste, Hal e eu começamos a investigar mais a fundo a visão remota, como qualquer físico faria. Colocávamos um *laser* dentro de uma caixa e perguntávamos a Ingo se estava ligado ou desligado. Também lhe pedíamos para descrever imagens que estavam fechadas em envelopes opacos ou escondidas em uma sala distante. Embora seu desempenho nesses testes fosse excelente, ele os achava tediosos. E finalmente nos avisou que, se não lhe déssemos algo mais interessante para fazer, voltaria para Nova York e retomaria sua carreira de pintor. Disse que, se quisesse ver o conteúdo de um envelope, ele o abriria; para ver o que havia numa sala contígua, simplesmente abriria a porta. Como Ingo podia concentrar sua atenção em qualquer parte do mundo (como ele nos disse mais de uma vez), esses experimentos eram uma banalização de suas habilidades! Por volta do fim da década, nós lhe demos muitas oportunidades para ver o mundo e para além dele de modo paranormal.

No começo de 1974, Hal e eu realizamos mais de cinquenta experimentos formais de visão remota no SRI, em sua maioria testes comedidos e com pouca publicidade. Contudo, em 1973, conduzimos uma série de experimentos com o agora famoso paranormal israelita Uri Geller, o que nos trouxe uma considerável notoriedade. Durante o ano em que trabalhamos com Uri, que demonstrou uma notável capacidade telepática, nosso pequeno programa foi responsável por mais da metade da publicidade recebida pelo SRI, que somou 100 milhões de dólares. Publicamos as descobertas que fizemos no nosso trabalho com Uri na eminente revista científica britânica *Nature*[4] e, como resultado, a atividade de pesquisas sobre fenômenos paranormais no SRI ganhou a atenção do mundo todo.

Figura 2. Russell Targ (esquerda) e Hal Puthoff na entrada do Stanford Research Institute, 1977. Foto de Hella Hammid.

A partir do início de 1973, também trabalhamos com Pat Price, um comissário de polícia aposentado de Burbank, Califórnia. Pat havia telefonado para Hal e perguntado se estaríamos interessados em trabalhar com ele. Afirmou que sempre tivera capacidade paranormal e a usara, em particular, para prender criminosos em seu trabalho como policial. Naturalmente nós aceitamos a oferta. Até 1979, quando conhecemos Joe McMoneagle, Pat foi o mais extraordinário paranormal que já havíamos encontrado — e ele continua sendo o único capaz de ler palavras impressas a distância. Pat era alegre, vivia de bom humor. Uma jovem secretária, que datilografava as descrições que Pat fazia de lugares distantes, certa vez lhe perguntou se ele podia, com sua capacidade paranormal, segui-la até o banheiro feminino. A resposta dele foi: "Se eu posso concentrar a mente em qualquer lugar do planeta, porque iria seguir você até o banheiro?" Assim era o Pat! A Ilustração 3 mostra Pat Price trabalhando.

Figura 3. Comissário de polícia aposentado e psíquico Pat Price, a única pessoa que conhecemos que consegue ler as palavras psiquicamente. Foto de Hella Hammid.

Quatro áreas de aplicação da visão remota

Depois de se aprender as técnicas da visão remota (você pode aprendê-las no Capítulo 3), surge a questão de como empregá-las. O dr. Jeffrey Mishlove, diretor da Intuition Network,[5] propôs quatro grandes áreas de aplicação da visão remota: avaliação, localização, diagnóstico e previsão.

Avaliação

A avaliação pode incluir o ato de pesar várias alternativas, tais como o investimento ou as escolhas da tecnologia ou de um terreno para construção. Em geral, ela inclui uma combinação de capacidade paranormal e intuição não paranormal. Eu acredito que a intuição compreende a soma total de todas as coisas que aprendemos ou vivenciamos no decorrer da vida e armazenamos em nossa mente subconsciente; esse conhecimento então se alia às informações que chegam por vias paranormais. Em 1982, por exemplo, quando deixei o SRI, eu me perguntava onde seria o meu próximo trabalho; a agência de empregos me advertiu que eu destruíra a minha promissora carreira com *lasers* ao desperdiçar dez anos com pesquisas sobre PES. Eu me sentei em meu escritório e visualizei como seria o meu novo local de trabalho. Uma imagem das colinas vizinhas levou-me a sondar os meus colegas que trabalhavam do laboratório de pesquisas Lockheed Missiles & Space. (Eles ficariam felizes com a minha volta às raízes, o trabalho com *lasers* — se eu prometesse não os envolver em pesquisas de PES.) Creio que uma combinação das minhas capacidades paranormais (a informação de que um trabalho se abriria para mim no Lockheed) e a minha intuição (identificação das colinas e de pessoas conhecidas na empresa) ajudou a formar essa imagem das minhas possibilidades.

Localização

A visão remota tem sido usada para encontrar muitas coisas de valor, tais como petróleo ou depósitos minerais, tesouros escondidos e pessoas desaparecidas — tudo isso tem sido objeto de fascinação desde que as pessoas começaram a tentar vasculhar o espaço com seus pensamentos. A história seguinte ilustra as nossas experiências com essa aplicação.

O sequestro de Patricia Hearst

Na noite de segunda-feira, 4 de fevereiro de 1974, um grupo de terroristas norte-americanos sequestrou Patricia Hearst — 19 anos, herdeira de um jornal —, em seu apartamento perto da Universidade da Califórnia, Berkeley, onde era aluna. Os sequestradores se identificaram como membros do Exército Simbionês de Libertação (ESL). Eram anarquistas radicais cujo lema era "Morte ao inseto fascista que se alimenta da vida do povo". A rica e conservadora família Hearst era um alvo perfeito para eles. Enquanto a imprensa tentava localizar "Symbia" no mapa, o Departamento de Polícia de Berkeley se empenhava em encontrar a filha de uma das figuras mais proeminentes de San Francisco: o editor do *San Francisco Examiner* e presidente do sindicato nacional Hearst de jornais.

Um dia depois do sequestro, a polícia continuava sem qualquer pista. A situação era tão desesperadora que o departamento de polícia de Berkeley cogitou pedir ajuda paranormal. Eles convocaram o presidente do SRI na tarde de terça-feira e o nosso diretor de laboratório nos perguntou se achávamos que a visão remota poderia ser de alguma ajuda. Pat Price respondeu que havia trabalhado frequentemente nesse tipo de problema. Então, todos nos empilhamos no carro de Hal e fomos a Berkeley para nos encontrar com os detetives do caso e visitar a cena do crime, onde as cápsulas de pistola ainda estavam espalhadas pelo chão sob a cama.

Sabia-se que os sequestradores eram violentos; duas pessoas foram gravemente espancadas e vários vizinhos foram baleados durante o sequestro. Embora para mim e Hal tudo parecesse muito estranho e confuso, Pat se sentia em casa na delegacia de polícia de Berkeley. Os detetives tinham muitas perguntas que planejavam nos fazer. Contudo, Pat se adiantou e indagou ao detetive que trabalharia conosco se ele tinha um álbum de fotografias das pessoas da região que haviam saído recentemente da prisão. Sim, eles tinham um tal álbum. Pat o colocou sobre uma das mesas de madeira para que todos pudéssemos vê-lo. Havia quatro fotos por página. Ele contemplava cada foto cuidadosamente antes de virar a página. Então, depois de examinar cerca de dez páginas (quarenta fotografias) do álbum, Pat pousou o dedo indicador numa das fotos e afirmou: "Este é o líder."

O homem que Pat apontou era Donald "Cinque" DeFreeze, que conseguira escapar da prisão californiana Soledad um ano antes. Uma semana depois, os detetives puderam constatar o espantoso acerto de Pat.

Naturalmente, a polícia não fazia a menor ideia de onde encontrar DeFreeze. Então perguntaram se Pat poderia descobrir sua localização. Ele se sentou numa velha cadeira giratória de carvalho, limpou os óculos e fechou os olhos. Depois de alguns momentos em silêncio, disse, apontando com o dedo: "Eles foram nesta direção. É norte?" Era o norte. Pat prosseguiu: "Vejo uma caminhonete branca estacionada num lado da estrada. Mas eles não estão mais nesse carro." O detetive perguntou: "Onde podemos achar o carro?" Pat respondeu: "Está logo depois de um viaduto na rodovia, perto de um restaurante e de dois grandes tanques brancos de óleo ou gasolina." Um dos detetives disse que sabia onde poderia estar esse local. Meia hora depois, encontraram o carro abandonado exatamente onde Pat afirmou que estaria. A essa altura já era meia-noite e Hal e eu estávamos contentes de voltarmos para casa, para bairros mais pacíficos. Quanto a Pat, creio que teria ficado por lá a noite inteira.

Depois daquela noite, tivemos várias outras oportunidades de interagir com os detetives de Berkeley. A mais extraordinária para mim foi uma viagem até um possível esconderijo do ESL. Um detetive e eu estacionamos numa arborizada encosta nas Montanhas Santa Cruz. O detetive me perguntou se eu sabia usar armas. Pensei que aquela fosse uma pergunta surpreendente, mas respondi que tinha uma automática e sabia usá-la. Ele então me entregou sua arma pessoal e disse: "Cubra a minha retaguarda." Em seguida, saiu do carro e caminhou ao redor de uma casa que parecia abandonada enquanto eu cobria a retaguarda. Tenho certeza de que ele nem sequer imaginava que a minha visão, com as lentes de correção, era de 20/200, o que me colocava oficialmente na categoria de cego! Depois desse incidente, entendi que eu fora muito além da descrição das minhas funções de pesquisador do paranormal. Então me aposentei desse cargo policial, ciente de que meus estudos na Universidade de Colúmbia não me haviam preparado para isso.

Mesmo durante o brutal confinamento imposto pelos sequestradores, Patricia Hearst teve algum conhecimento das nossas atividades. Em sua empolgante autobiografia, ela escreve:[6]

> A paranoia deve ser contagiosa, pois todos na casa a contraíram. Um dia, quando Cin (Cinque) me procurou para contar que os jornais estavam noticiando que meu pai contratara paranormais para descobrir onde o ESL me mantinha cativa, fiquei paralisada de medo. "Não pense em paranormais agora. Não se comunique com eles", Cin me advertiu, "concentre-se em qualquer outra coisa o tempo todo." Eu fiz o que me mandaram. Não queria que os paranormais ou qualquer outra pessoa pusessem o FBI no meu rastro.

Embora tal preocupação pareça estranha, Patricia Hearst tinha razão em temer que seus captores a assassinassem se a polícia aparecesse na porta.

Nós continuamos a prestar assistência aos detetives de Berkeley e eu acredito que os sequestradores poderiam ter sido capturados enquanto ainda se encontravam no norte da Califórnia se o departamento de polícia de Berkeley e o FBI tivessem trabalhado juntos, em vez de ficarem no caminho um do outro. (O fiasco na atuação no caso ESL se assemelha à falta de cooperação entre o FBI e a CIA nos meses que antecederam a tragédia de 11 de setembro de 2001, quando praticamente nenhuma informação foi compartilhada entre as agências. Todos agora concordam que havia muitas informações, mas, em ambos os casos, a análise delas foi mal feita.)

No final, o departamento de polícia de Berkeley enviou uma carta atenciosa de elogio ao SRI, agradecendo o nosso auxílio.

Diagnose

A diagnose de problemas médicos, de problemas mecânicos, de riscos para a segurança, de fontes de erros humanos e de perigos para a saúde e o meio ambiente são aplicações possíveis para os praticantes paranormais e intuitivos. O diagnóstico médico, discutido em profundidade no Capítulo 5, é um intrigante exemplo de diagnose por meio da visão remota. Edgar Cayce, Caroline Myss e outros demonstraram e aperfeiçoaram essa prática, que é um enfoque muito mais analítico da visão remota do que as outras aplicações, mais intuitivas, que mencionamos neste capítulo. Por razões que não entendemos inteiramente, o diagnóstico paranormal é muito mais fácil de ser realizado do que a visão remota comum de um objeto dentro de uma caixa. Talvez porque seja uma tarefa mais significativa, ou talvez porque a importância de uma conexão psíquica com um outro ser vivo faça a diferença.

Eu pratico a diagnose remota desde 2002 e a considero muito mais fácil de ser praticada do que outras formas de visão remota. Outros intuitivos experientes têm experiências semelhantes. O interessante é que há pessoas começando a me deixar mensagens pedindo ajuda nesse campo.

Recebi uma dessas mensagens da dra. Jane Katra, de Eugene, no Oregon, minha parceira na área da educação na última década e coautora de outros livros comigo. "Acho que estou com um problema médico", ela revelou numa mensagem de voz. "Você tem alguma ideia do que possa ser?" Ainda sentado ao lado do telefone, fechei os olhos e vi linhas vermelhas e azuis subindo pelo seu braço e ombros em direção ao cérebro. Então deixei uma mensagem peculiar na secretária eletrônica descrevendo o que eu tinha visto. Quando ela me ligou de volta, contou-me que se espetara no polegar com o espinho de uma rosa e, em decorrência disso, ficara com o rosto e os lábios entorpecidos. Com base nessa informação, insisti para que ela fosse a um pronto-socorro, pois agora me parecia que se tratava de envenenamento do sangue. No pronto-socorro ela recebeu vacina antitetânica e antibióticos e se recuperou rapidamente. É claro que, uma vez que a paciente era Jane, podia ter sido simplesmente um caso de telepatia mental. A diferença é que, na telepatia mental, eu teria capturado as impressões mentais de Jane sobre a própria saúde, que poderiam estar corretas ou não.

Previsão

Jeffrey Mishlove e eu consideramos que a capacidade de fazer previsões talvez seja a utilização mais promissora de todas as faculdades paranormais. Prever terremotos, atividades vulcânicas, condições políticas, desenvolvimentos tecnológicos, condições meteorológicas, taxas de juros, oportunidades de investimento, preços de mercadorias e valores de moedas correntes constituem uma área de estudo ativa e estimulante.

Em 1982, eu fazia parte de uma equipe de paranormais e investidores que queriam testar a possibilidade de usar a função paranormal para ganhar dinheiro na bolsa de valores. Nós escolhemos o mercado da prata e os nossos esforços extremamente bem-sucedidos foram parar na primeira página do *Wall Street Journal.* Você pode ler mais a respeito disso e de muitas outras aventuras em previsão na seção Visão Remota Associativa (Capítulo 4).

Ilustração 3-A: "E nós acabamos de inaugurar o nosso moderno departamento Futuro de Ouro."

Os céticos

Quando contei a história de Hearst para o meu editor, ele nos perguntou por que nós não fomos atrás do prêmio de um milhão de dólares oferecido na época pelo "The Amazing Randi" para qualquer demonstração convincente de capacidades paranormais. Embora eu esteja absolutamente convencido da existência dessas capacidades e de sua utilidade, tenho sérias dúvidas sobre a probabilidade de um cético profissional vitalício pagar um prêmio desses, independentemente das provas que tenha presenciado.

Há uma ativa organização de céticos nos Estados Unidos chamada de Comitê para a Investigação Científica de Alegações de Paranormalidade (CSICOP; pronuncia-se "psi-cop"), da qual Randi é um membro proeminente. O desejo deles é sutilmente levar você a negar sua própria experiência *psi* quando ela acontece, com o objetivo de "salvar" a ciência dos pesquisadores do paranormal. Evidentemente, eles não fazem pesquisas e não têm nenhum interesse em saber a verdade. Em vez disso, prejudicam deliberadamente as pesquisas, interferindo ativamente nas habilidades dos pesquisadores para obter dinheiro para o seu trabalho. Quando têm oportunidade, eles desperdiçam o tempo dos investigadores e sugam a energia do campo. Eu dou a eles o mínimo de atenção possível e, apesar de seus esforços para atrapalhar as pesquisas, não enfrentei muitos problemas para publicar as minhas descobertas ou conseguir fundos para as pesquisas. Acredito que é um grave erro conferir poder a esses inimigos da verdade, mas alguns pesquisadores se oferecem alegremente à imolação imposta pelos críticos, contanto que conquistem alguma atenção.

Em razão de sua longa experiência nesse campo, Ingo Swann entende muito bem esse problema e descreve perfeitamente essa situação trágica em seu livro *Natural ESP.* Ingo escreveu:

> Atualmente, é uma tática de manipulação mental muito conhecida aquela em que se controla e domina um grupo de pessoas (como, por exemplo, os parapsicólogos) quando se estabelece um sentimento de culpa insolúvel ou sem causa definida nesse grupo. Enquanto esse grupo alvo

> aceitar a possibilidade de que a culpa é de alguma maneira justificada, os membros do grupo se manterão introvertidos e criativamente improdutivos. Todos os seus recursos serão empregados na tentativa de resolver a "culpa" — que nem sequer existe, para início de conversa.[7]

Há uma outra organização cujos integrantes não querem reconhecer as capacidades paranormais. Trata-se da expressão máxima da manutenção de segredos: a National Security Agency — NSA (Agência de Segurança Nacional)! Existem algumas histórias muito engraçadas sobre a NSA, mas duas delas ocorreram no primeiro ano das nossas pesquisas.

Logo depois de descobrirmos que Ingo podia descrever lugares distantes a partir apenas da sua latitude e longitude, nós propusemos uma demonstração aos nossos colegas da CIA, que já mostravam interesse pelo nosso trabalho. Hal recebeu um conjunto de coordenadas e as leu para Ingo. Em seguida, Ingo passou a descrever e a desenhar colinas ondulantes, uma sinuosa estrada para carros, uma aglomeração de prédios e um abrigo subterrâneo. Pat Price, que também estava no SRI nessa época, ofereceu-se para dar igualmente uma olhada nas coordenadas do local. Pat contou que sobrevoou paranormalmente a área a 1.500 metros de altitude para obter uma vista de cima (o que eu sempre peço que os videntes façam nas sessões de visão remota). Ele também fez alguns esboços detalhados. Então, ofereceu-se para "entrar" no abrigo, onde encontrou um arquivo com nomes nas gavetas. Ele leu os nomes e nos informou o codinome da instalação ("Hay Stack" — "Monte de Feno") — e todos esses dados se comprovaram corretos.

As coordenadas correspondiam a uma cabana de férias do agente da CIA com quem estávamos trabalhando. Mas, para a sua grande surpresa, logo acima da colina onde ficava sua pequena casa havia uma instalação da NSA abrigando uma repetidora (ou enlace) de micro-onda e um dispositivo de quebra de códigos. Quando soube que descrevera o alvo "errado" (o local da NSA e não a casinha), Price comentou: "Quanto mais se tenta esconder alguma coisa, mais ela brilha como um farol no espaço psíquico."

Esse incidente deu origem a uma intensa investigação que a NSA fez sobre nós — Ingo, Pat e o agente da CIA. A NSA não gostou nada da ideia de a CIA, juntamente com um bando de paranormais da Califórnia, tomar como alvo uma de suas instalações secretas. Pat os tranquilizou um pouco descrevendo uma instalação soviética semelhante, com repetidora de micro-onda, nos Montes Urais — uma visão que foi depois confirmada.

Como resultado dessa pequena aventura, começamos a trocar ideias com a NSA acerca do uso da PES para a quebra de códigos. Fizemos várias viagens até o "Puzzle Palace" no Forte Mead, em Maryland, para discutir que tipo de mensagem codificada eles nos dariam para decifrar (sem terem de nos mostrar um código real). Como sempre acreditei que não existem limites para o poder extrassensorial, eu lhes propus que nos entregassem um parágrafo escrito no código mais "inquebrável" de que dispusessem, lacrado numa lâmina metálica e embrulhado em papel preto, e o submetessem a nós como um documento secreto, um documento sigiloso que jamais abriríamos. Nós apenas descreveríamos as ideias contidas no parágrafo — não havia nenhuma necessidade de vermos sua tola cifra secreta. Hal e eu já tínhamos livre trânsito por certas instâncias ultrassecretas, de modo que essa proposta não causou estranheza. Nós só estávamos investigando e sondando os limites da percepção *psi*. No exército, contudo, esse tipo de questionamento era considerado um "ponto final na carreira", caso você já não tivesse as respostas. O administrador superior da NSA ficou aturdido com a nossa proposta; e muito embora tivéssemos oferecido nossos serviços de graça, eles resolveram encerrar os experimentos. Não lhes convinha constatar que os paranormais podiam ler o que seus códigos ocultavam. Algumas pessoas simplesmente não têm senso de humor.

Os estudos Ganzfeld

Se a NSA não queria saber sobre visão remota, em compensação havia uma profusão de outras pessoas realizando pesquisas sobre os fenômenos *psi*. Sem dúvida, os dados mais cuidadosa e criteriosamente examinados que descrevem o funcionamento psi são encontrados nas pesquisas ganzfeld. Ganzfeld, que significa "o campo inteiro", é um ambiente controlado usado nas pesquisas sobre PES onde todos os estímulos normais que o sujeito *psi* poderia receber são limitados por isolamento sensorial. A ideia ganzfeld surgiu na década de 1960, quando se julgava que os estados alterados de consciência conduziriam a um funcionamento paranormal mais eficaz. Desde essa ocasião nós descobrimos que isolamento sensorial, luzes piscantes, hipnose e drogas são desnecessários — e até mesmo atrapalham.

Os estudos ganzfeld investigam a comunicação telepática entre um indivíduo "emissor" e um "receptor". Por mais de quinze anos, Charles Honorton foi o pioneiro dessa abordagem no Maimonides Hospital Research Center. Charles era um teórico extraordinário do campo de pesquisas sobre os fenômenos *psi*, bem como um pesquisador bem-humorado e simpático. Lamentavelmente, morreu ainda jovem em 1992, com apenas 46 anos de idade, privando-nos de um grande e compassivo estudioso que devotou toda a sua carreira à pesquisa do paranormal.

Em 1994, depois da morte de Honorton, foi publicado um trabalho de quinze páginas escrito em parceria por Honorton e o psicólogo dr. Daryl Bem, professor da Universidade de Cornell e ex-cético. (Como sentem "inveja dos físicos", os psicólogos são os maiores céticos entre todos os acadêmicos.) O artigo constituiu um marco no campo das pesquisas *psi* porque foi publicado no prestigioso *Psychological Bulletin* da American Psychological Association.[8] Os experimentos descritos nesse artigo foram chamados de "autoganzfeld" porque o pesquisador, o emissor e o receptor não tinham nenhum contato entre si e o pesquisador não conhecia a seleção de videoteipes "alvos", que eram automaticamente escolhidos e mostrados ao emissor por um computador.

Nesses experimentos, o receptor — geralmente um voluntário da comunidade — ficava confortavelmente sentado em uma cadeira reclinável em uma sala à prova de som, com bolas de pingue-pongue cortadas pela metade coladas com fita adesiva sobre os seus olhos para minimizar as distrações visuais, enquanto ruídos brancos (semelhantes ao som das ondas do mar) eram introduzidos por meio de fones de ouvido. A tarefa do receptor era manter-se acordado e descrever em um gravador de fita todas as impressões que lhe passassem pela mente durante uma sessão de trinta minutos.

Enquanto isso, um emissor contemplava uma seleção de dois minutos de imagens gravadas em um videoteipe escolhido aleatoriamente, que era continuamente repetido durante uma sessão de vinte minutos. Em alguns desses testes, as narrações dos receptores eram tão precisas que parecia que eles estavam assistindo ao videoteipe-alvo exatamente como esse estava sendo mostrado aos emissores! No final de cada teste, o computador que controlava o experimento mostrava ao receptor o segmento escolhido e mais três outros segmentos de vídeo, esses falsos, numa ordem randômica. A tarefa do receptor era a de então indicar a qual dos quatro minivídeos o emissor estava assistindo. Se fosse o acaso que estivesse em ação, seria de se esperar uma taxa de 25% de sucesso nesse processo. No conjunto completo de onze séries de experiências, que envolveu 240 pessoas e 354 sessões, o índice de sucesso foi de 32%, resultado que se afasta da expectativa de acaso em mais de 500 para 1. Desde a época da publicação de Bem-Honorton, testes igualmente bem-sucedidos têm sido realizados sem emissor. Esse é um exemplo de pura clarividência — sem nenhuma conexão de mente para mente.

Os talentosos estudantes ganzfeld

Os mais bem-sucedidos entre os estudos autoganzfeld foram conduzidos por Charles Honorton em conjunto com a dra. Marilyn Schlitz, que acabou por se tornar diretora de pesquisas do Institute of Noetic Sciences (IONS) em Petaluma, na Califórnia. Em 1991, Schlitz estava trabalhando em um projeto de pesquisas sobre criatividade com estudantes da Julliard School em Nova York. Como parte desse trabalho, ela arregimentou vinte estudantes de música erudita e de dança moderna para fazerem parte de um estudo ganzfeld.[9] Todos os dias, os estudantes tomavam o trem no *campus* urbano da Broadway rumo ao cenário pastoril do laboratório em Princeton. Aparentemente, o simples fato de descer de um trem num cenário campestre bastaria para induzir um estado alterado nos estudantes novaiorquinos. Esses talentosos e bem treinados artistas, trabalhando em pares com seus amigos em uma situação de laboratório, atingiram uma taxa de 50% de sucesso na escolha do alvo correto entre quatro possibilidades. Essa taxa é duas vezes maior do que a taxa que se esperaria obter se apenas o acaso, ou fator sorte, estivesse em ação, além de constituir a mais alta taxa de sucesso descrita no artigo de Bem-Honorton. É comparável somente à taxa de sucesso alcançada entre pais e filhos no ganzfeld.

O QUE SABEMOS SOBRE VISÃO REMOTA

Para um fenômeno considerado por muitas pessoas como não existente, nós certamente sabemos muito sobre visão remota, inclusive como ampliar e reduzir sua precisão e sua confiabilidade. Até o final deste capítulo, eu compartilharei com você o que sabemos a respeito desse processo. Em seguida, no Capítulo 3, descreverei em detalhes como você pode desenvolver por si mesmo a visão remota.

Vivenciando um local distante: encontrando o alvo

Os videntes remotos podem frequentemente contactar, experimentar e descrever o que nós chamamos de "alvo" — por exemplo, um objeto escondido ou um sítio remoto natural ou arquitetônico — com base em coordenadas geográficas, a presença de uma pessoa colaborando no lugar, ou alguma outra descrição do alvo, o que nós chamamos de um "endereço". Mostramos também que não é necessário que esteja com o vidente alguma pessoa que conheça o endereço correto; basta dizer ao vidente: "Nós temos um alvo que precisa de uma descrição."

Sentindo os alvos

Videntes inexperientes são capazes de descrever o contorno, a forma e a cor do alvo muito mais confiavelmente do que podem descrever a função do alvo ou fornecer outras informações analíticas. Além das imagens visuais, os videntes algumas vezes descrevem sensações associadas, sons, cheiros e mesmo campos elétricos ou magnéticos. Como vidente, eu aprendi que se vejo uma cor claramente e brilhantemente, ou algo prateado e lustroso, esse é o aspecto do alvo que será mais provável que eu descreva corretamente. É até mesmo possível para os videntes experimentarem aspectos de um alvo que não estão efetivamente manifestos, tais como a cor de um objeto dentro de uma caixa opaca onde não existe luz.

Visualizando o futuro

Videntes podem perceber atividades presentes, passadas e até mesmo futuras nos locais-alvo. Não há uma gota sequer de evidência indicando que é mais difícil para os videntes olhar um pouco à frente no futuro do que descrever um objeto dentro de uma caixa na frente deles. Na verdade, no SRI nós tivemos a impressão de que os nossos experimentos precognitivos tendiam a ser mais confiáveis do que os testes em tempo real.

Precisão e confiabilidade

Os videntes podem às vezes alcançar uma exatidão fotográfica e a confiabilidade em uma série de experimentos pode atingir 80%. Diferentemente da adivinhação de cartas[10] ou outros experimentos de escolha forçada, mais de duas décadas de pesquisas sobre a visão remota mostraram que não há declínio no desempenho da capacidade de visão remota ao longo do tempo. É uma fonte confiável de habilidade *psi* — um tipo de bateria paranormal — que os pesquisadores têm procurado por décadas. Com a prática, as pessoas se tornam progressivamente mais capazes de separar o sinal paranormal do ruído mental que vem da memória e da imaginação.

Quão pequeno é o pequeno?

Os videntes percebem alvos e os detalhes de alvos tão pequenos quanto um milímetro. Hella Hammid, uma das nossas frequentes participantes das pesquisas, descreveu com sucesso alvos constituídos por imagens microscópicas de um milímetro quadrado em uma série de experimentos no SRI em 1979. Ela também identificou corretamente um alfinete prateado dentro de um estojo de alumínio para filme fotográfico.

Na década de 1890, Annie Besant trabalhou com o médium C. W. Leadbeater num imaginativo estudo para descrever a estrutura atômica. Nessa antiga pesquisa realizada na Sociedade Teosófica da Inglaterra, Leadbeater foi a primeira pessoa no mundo a descrever a estrutura nuclear característica dos três isótopos do hidrogênio. Em seu livro *Occult Chemistry*, publicado em 1898, ele descreveu ter visto clarividentemente que, na parafina, um determinado átomo de hidrogênio podia ter uma, duas ou três partículas em seu núcleo e continuar sendo hidrogênio.[11] Os isótopos ainda não haviam sido descobertos pelo químicos, de modo que Leadbeater foi, creio eu, o primeiro a relatar que átomos de diferentes pesos atômicos podiam reter sua identidade química.

Visão remota de longa distância

Repetidas vezes, os pesquisadores têm constatado que a precisão e a resolução em perceber alvos na visão remota não estão sujeitas a variações de distância de até 16.000 quilômetros. Um exemplo de visão remota de longa distância é um experimento que Elisabeth Targ e eu fizemos com a agente de cura russa Djuna Davitashvili em 1984. Nessa visão remota realizada entre Moscou e San Francisco, Djuna teve um grande sucesso em focalizar sua atenção não só a mais de 9.600 quilômetros para o oeste, mas a duas horas no futuro. Uma experiência de longa distância semelhante, e agora muito famosa, foi feita por Pat Price em 1974 quando ele descreveu com sucesso uma fábrica de armas soviética em Semipalatinsk, no leste da Rússia. Nós mostramos esses desenhos, que antes eram secretos, em *Miracles of Mind*.[12]

Blindagem elétrica

As salas envolvidas por telas do tipo "gaiolas de Faraday" e a blindagem subaquática eliminam quase todas as ondas eletromagnéticas das vizinhanças, mas não exercem efeitos negativos na visão remota. Na verdade, alguns videntes preferem trabalhar em ambientes eletricamente blindados. A renomada paranormal Eileen Garret me mostrou um desses compartimentos que ela construíra para o seu uso próprio no seu escritório na Parapsychology Foundation na 57th Street, na cidade de Nova York. Pat Price fez várias excelentes descrições de locais-alvo complexos estando dentro de um quarto blindado no SRI. Em 1978, Hella Hammid e Ingo Swann receberam com êxito várias mensagens de Palo Alto enquanto estavam dentro de um submarino a 800 quilômetros de distância e 150 metros abaixo da superfície do mar.[13]

Na verdade, descobertas recentes feitas pelo físico James Spottiswoode revelam que a radiação eletromagnética vinda da nossa galáxia Via Láctea e os efeitos eletromagnéticos dos *flares* (labaredas) solares degradam o funcionamento paranormal.[14] A blindagem elétrica parece ajudar no desempenho, e também a realização de experimentos nas ocasiões em que a radiação galáctica tem intensidade mínima no local da experiência. Isso ocorre às 1.300 horas do tempo sideral[15] (tempo estelar, não tempo solar), mas nós descobrimos que ainda é possível ser intensamente paranormal em qualquer hora do dia ou da noite.

Fatores inibidores

A visão remota é inibida por um conhecimento prévio das possibilidades de alvo, pela ausência de realimentação ou pelo uso de análise mental. A ausência de realimentação impede o vidente de olhar para o futuro com o propósito de, precognitivamente, ver o alvo, fechando por causa disso um dos canais importantes da visão remota. Qualquer distração visual ou auditiva, ou qualquer coisa nova no ambiente de trabalho, tenderá a aparecer nas imagens do vidente durante a sessão de visão remota.

A natureza do alvo também pode afetar a precisão. Números são muito mais difíceis de perceber do que alvos que são imagens. Por exemplo, é mais difícil adivinhar um número-alvo entre 1 e 10 do que descrever um local escolhido entre uma infinidade de lugares do planeta que o vidente nunca viu. Isso acontece porque o vidente já tem imagens mentais de clareza cristalina de *todos* os números, e essas imagens provenientes da memória e da imaginação constituem um ruído mental de peso significativo.

Infelizmente, uma imagem paranormal não vem com uma etiqueta dizendo: "Esta imagem é trazida a você pela PES." Essa avaliação precisa ser feita pelo vidente.

Fatores intensificadores

Seriedade de propósito, realimentação depois do teste, relaxamento, aceitação do fenômeno *psi*, e especialmente confiança sincera entre os participantes são fatores que intensificam a visão remota. Durante a fase de aprendizagem da PES, é importante mostrar ao vidente o alvo correto depois de cada teste. Sem essa realimentação de teste para teste, nenhum aprendizado acontece. Videntes experientes aprendem a melhorar os seus desempenhos tornando-se conscientes de seus ruídos mentais (vindos da memória e da imaginação) e os filtrando. O desempenho também é melhorado quando os videntes registram por escrito suas impressões e desenham suas imagens mentais. Desenhar é especialmente importante porque isso dá ao vidente acesso direto a processos inconscientes simbólicos e não analíticos.

Considerações teóricas

Parece-nos claro que os videntes são capazes de focalizar a sua atenção em pontos distantes no espaço-tempo e então descrever e vivenciar esses locais. A realimentação é essencial para o aprendizado, mas, com mais experiência, ela não é necessária para o funcionamento *psi*. No fenômeno da visão remota, é como se o vidente estivesse examinando seu pequeno fragmento local de baixa resolução do holograma quadridimensional do espaco-tempo no qual ele está encaixado. Cada pequeno pedaço do holograma contém todas as informações do todo maior — mas com uma resolução menor. Isso é exatamente a conectividade não local que discutimos no Capítulo 1.

Primeiras experiências de três videntes

Você talvez se pergunte se pode ter esperanças de alcançar qualquer coisa como uma visão remota precisa. Nesta seção, eu contarei as primeiras experiências de três pessoas que participaram como videntes nos testes de visão remota no SRI: Pat Price, Joe McMoneagle e Hella Hammid. Todos os três estavam interessados pela visão remota e pelas capacidades paranormais, mas nenhum deles tinha procurado formalmente concretizar esse interesse antes de se encontrarem comigo e com Hal. Os resultados que obtivemos com eles são típicos do que vimos no SRI, como também nos workshops de visão remota que Jane Katra e eu oferecemos para pessoas igualmente inexperientes.

Pat Price

Pat Price é o policial aposentado sobre o qual já falei previamente neste capítulo, que ajudou a polícia de Berkeley na busca por Patty Hearst. Em sua primeira tentativa de visão remota no SRI, Pat fez o desenho paranormal de um conjunto de piscinas situadas a oito quilômetros do local onde ele teve a visão. Ele conseguiu especificar as dimensões, os tamanhos, a localização e o funcionamento de uma piscina redonda, de uma retangular e dos prédios adjacentes com uma precisão de 90%.

Joe McMoneagle

Outro sujeito principiante das pesquisas, Joe McMoneagle, conseguiu desenhar uma imagem detalhada de um local onde um agente da CIA estava escondido, a 161 quilômetros do SRI. Ele desenhou uma imagem impressionantemente precisa de um prédio de seis andares coberto de vidro, em formato de T, ao lado de uma fileira de árvores — a nossa própria fábrica de bombas atômicas em Livermore, Califórnia. (Você pode ver alguns dos desenhos feitos por Pat Price e Joe McMoneagle no meu website: http://www.espresearch.com e no *Miracles of Mind*.

Hella Hammid

O grande sucesso do SRI com Ingo Swann, Pat Price e Joe McMoneagle fez, por fim, com que os nossos patrocinadores do governo pedissem que achássemos um participante com menos experiência de visão remota do que esses três. Eles queriam o que chamamos de "sujeito de controle". Nós trouxemos Hella Hammid, uma grande amiga minha de longo tempo de Nova York. Quando Hella veio pela primeira vez ao programa SRI em 1974, ela disse que não tinha nenhuma experiência prévia em fenômenos *psi*, mas que estava animada com o novo desafio.

Hella tinha sido uma colaboradora fotográfica regular para a *Life* e muitas outras revistas desde a década de 1950. Eu tive muita sorte de ter uma mulher tão sábia e amigável participando como sujeito de testes nas pesquisas *psi*, pois ela veio a se tornar a nossa vidente mais confiável por mais de uma década. Hella morreu em 1992, mas está frequentemente em meus pensamentos enquanto continuo o trabalho que realizamos juntos.

Figura 4. O artista e paranormal Ingo Swann (esquerda) com a fotógrafa Hella Hammid. Hammid entrou no programa do SRI como um sujeito de "controle" e veio a se tornar uma das videntes mais confiáveis. Foto tirada por Hal Puthoff.

Dentro da primeira sessão de Hella

A primeira sessão de Hella no SRI é uma boa ilustração de como funciona uma sessão de visão remota. Meu parceiro Hal Puthoff dirigiu o seu carro para um local-alvo desconhecido e escolhido aleatoriamente; o trabalho de Hella era o de descrever aonde ele tinha ido. Eu me sentei no chão do nosso laboratório enquanto Hella se acomodava no sofá e me perguntava: "O que eu faço?" Eu não sabia como responder à pergunta de Hella naquela época, mas a resposta tornou-se desde essa ocasião uma grande parte deste livro, especialmente do próximo capítulo.

A visão remota pode ser realizada sem um entrevistador, mas sabemos agora que o sucesso que tivemos com a visão remota derivava, em parte, do relacionamento do vidente de visão remota com o entrevistador, ambos atuando como uma equipe de coleta de informação. O papel do vidente é o de perceber e de servir como um canal de informação. O papel do entrevistador é o de proporcionar um controle analítico — do meu ponto de vista, um tipo de "agente de viagem paranormal".

Essa divisão de trabalho espelha os dois modos principais do funcionamento cerebral como nós os entendemos: o estilo de pensamento *não analítico* que predomina no reconhecimento de padrões espaciais e outros processamentos holísticos (que se acredita serem predominantes no funcionamento *psi*), e o estilo cognitivo *analítico* que caracteriza os processos verbais e outros processos racionais orientados para objetivos. Somente os videntes de visão remota com muita experiência parecem ter a capacidade de lidar com ambos os estilos cognitivos simultaneamente sem o auxílio de um entrevistador.

Afinal de contas, até mesmo a sacerdotisa que trabalhava como Oráculo em Delfos na Grécia antiga tinha um entrevistador. Quando ela se sentava em seu tripé no Templo de Apolo, o sacerdote formulava a ela perguntas relacionadas com a informação buscada pelo cliente que queria saber o futuro, fosse ele um comerciante ou um rei.[16] Suas divagações eram então desembaralhadas e colocadas em versos hexâmetros — a forma esperada pelo cliente — tal como nós no SRI escreveríamos um relatório de uma visão remota para a CIA.

Nessa primeira sessão com Hella, eu lhe pedi que relaxasse por alguns minutos. Eu não lhe disse como relaxar; isso não parece ter importância. O que importa é se tornar presente no momento do tempo e no espaço do experimento — deixar para trás as compras, os lugares para ir e as crianças.

"Agora que os seus olhos estão fechados e você está relaxada", eu disse: "você pode me falar sobre as suas imagens mentais a respeito de onde Hal está localizado agora? Não tente *adivinhar* onde ele poderia estar", eu lhe disse. "Somente descreva o que você vê ou o que está sentindo."

"Eu vejo movimento", Hella disse. "Algo está se movendo rapidamente." Esse tipo de *input* cinestésico acontece frequentemente antes do conhecer. Eu pedi que ela fizesse um esboço de sua primeira impressão do que quer que estivesse se movendo. Ela fez o pequeno desenho que está na parte de baixo da Ilustração 5. Em visão remota, nós consideramos essas primeiras impressões inestimáveis, porque elas frequentemente dão o tom para toda a experiência de visão.

PASSARELA DE PEDESTRES

Ilustração 5. A primeira visão remota de Hella Hammid. O alvo (acima) era uma passarela de pedestres. Os desenhos de Hella são mostrados embaixo.

Eu então sugeri a Hella que fizesse uma pausa, abrisse os olhos e respirasse. As pessoas frequentemente começam a segurar a respiração quando estão realizando a visão remota, o que não é necessário nem útil. Fazer uma pausa constitui um ingrediente essencial da visão remota bem-sucedida; ela proporciona uma oportunidade de "apagar a lousa" mental de maneira que o vidente possa retornar ao alvo e obter informações renovadas e diferentes.

Sem um entrevistador, contudo, um vidente tende a se agarrar à primeira imagem, mesmo quando ela provavelmente não o ajudaria a identificar o alvo. Por exemplo, se eu obtiver uma figura mental clara e surpreendente de um narciso em um alvo ao ar livre, posso me sentir muito satisfeito — mesmo que isso não seja muito útil para um juiz ou um policial tentando localizar o local-alvo de um crime.

Depois da pausa de um minuto de Hella, eu pedi para que ela me falasse sobre qualquer imagem mental nova que aparecesse na visão. Durante tudo isso, eu não tinha a menor ideia de qual era o alvo; isso era um experimento duplo-cego, como o foram todos os nossos experimentos. Como resultado, eu podia dizer tudo o que quisesse a Hella, uma vez que não dispunha de absolutamente nenhuma informação para comunicar, exceto sobre o procedimento.

Em sua segunda tentativa de olhar para o alvo, Hella disse que viu "algo como um bebedouro para pássaros no ar. Mas ele não podia conter água porque estava cheio de furos". Nós então fizemos outra pausa.

Em razão da natureza mágica e altamente "carregada" desse processo, um entrevistador pode com frequência lembrar-se exatamente do que o vidente diz em uma sessão. Nos primeiros estágios das sessões de visão remota, o entrevistador pode dizer muito pouco para o vidente sem introduzir ruído mental e um elemento analítico de adivinhação. Um entrevistador pode dizer indiretamente: "Fale-me um pouco sobre o que você está sentindo" ou "O que mais você está vendo?" Ou, se um vidente tenta adivinhar qual a natureza ou o nome do alvo, um entrevistador deve perguntar: "O que você está sentindo que faz com que você diga [repita o que quer tenha sido dito]? Como você se sente sobre esse lugar?" Com frequência, é especialmente útil pedir ao vidente para procurar por elementos novos ou surpreendentes que pareçam não fazer sentido.

Por fim, eu perguntei para Hella, se ela podia "se colocar no lugar de Hal e descrever o que ele está vendo".

"Isso é muito complicado", ela disse, "Eu tenho de desenhar. Parecem quadrados dentro de quadrados dentro de quadrados."

Ela então fez o terceiro desenho da Ilustração 5.

O alvo era uma passarela de pedestres cruzando a rodovia, na Oregon Avenue, em Palo Alto. Esse teste foi um de uma série de nove que tiveram sucesso com probabilidade de acerto de quase um em um milhão. Dos nove testes, Hella teve cinco acertos em primeiras tentativas e quatro acertos em segunda tentativa em *julgamento cego*. (No julgamento cego, um "juiz", que não conhece as respostas corretas, tem de decidir qual das nove descrições de Hella corresponde a cada um dos nove alvos.)

Resultado de workshops de visão remota

Quando Jane Katra e eu ensinamos em workshops, usamos fotografias lindamente coloridas de lugares ao ar livre como alvos para os videntes de visão remota. Ensinamos a todos para que atuem como videntes e como entrevistadores. Em uma sessão típica, metade das pessoas é vidente e seus parceiros do workshop do dia se tornam entrevistadores. Cada pessoa recebe uma imagem exclusiva dentro de um envelope selado, e eu forneço orientação geral no decorrer do processo.

Merece destaque a nossa terceira viagem até a cidade de Arco, no norte da Itália, onde tínhamos 24 pessoas em nossa classe. Eu gosto muito dessa linda cidade alpina — as montanhas de fundo, as pessoas afetuosas e amigáveis, e o fato de que cada conversa começa com um abraço e um beijo nas duas bochechas. Não existe aqui nenhum medo de intimidade; é fácil sentir-se paranormal.

"Descreva a sua imagem mental relativa à gravura que está no envelope", eu peço aos estudantes. Ou então, posso dizer: "Descreva a imagem que você verá em dez minutos, quando abrir o envelope." A última instrução é frequentemente útil porque ela convida o vidente a fazer o uso do canal precognitivo, que sempre está presente, além da clarividência em tempo real, ou seja, do presente.

No final da sessão, cada vidente e cada entrevistador recebe uma cópia da imagem-alvo, juntamente com três imagens que não são o alvo (imagens mudas) e aleatoriamente escolhidas. (A imagem real do alvo — a imagem que o vidente estava tentando visualizar e desenhar — está ainda no envelope.) Pede-se então ao entrevistador para escolher qual das quatro imagens o vidente descreveu, baseado apenas nessa descrição. Em cada um dos nossos três workshops na Itália e em outro que realizei sozinho em 2003, tivemos uma taxa de sucesso de pelo menos 66% de acertos na primeira tentativa, quando, se só vigorasse o acaso, as chances de acerto seriam de apenas 25%. Isso se traduz em probabilidades melhores do que uma em mil para cada workshop.

Nós não chegamos nem perto disso nos Estados Unidos, principalmente no Vale do Silício, embora estejamos trabalhando exatamente com as mesmas espécies de alvo. Isso é interessante, e nós não sabemos por que acontece. Pode ter algo a ver com o constante autojulgamento que estamos acostumados a exercer aqui: "Estou fazendo da maneira correta?" Diferentemente daqui, as mulheres italianas são abertas e autoconfiantes; elas sabem que são bonitas e sensuais, portanto por que não paranormais?

Também suspeito de que os nossos quatro grupos dos Estados Unidos têm mais medo de intimidade e de se entregar do que as pessoas do norte da Itália. Há um aspecto na visão remota que é como fazer amor; ela exige uma completa rendição para a tarefa em mãos, sem ideias preconcebidas ou autojulgamento sobre o resultado. Também exige controle da percepção para se alcançar o que Patanjali chama de "atenção inteiramente concentrada em um ponto".

A dinâmica do vidente

Apesar de os seus alvos serem apenas uma imagem, os videntes têm mobilidade; eles são livres para perambular em torno do alvo. Quando eles o fazem, frequentemente veem coisas que não são mostradas na imagem, mas que, na verdade, existem. (Às vezes, isso dificulta o trabalho do entrevistador, que precisa determinar mais tarde qual entre várias imagens um vidente estava tentando descobrir; o entrevistador tem apenas a imagem que usa para a avaliação.)

Em um workshop em Arco, um vidente arquiteto estava tendo problemas em obter qualquer imagem mental. Por fim, no meu último convite ao grupo, eu disse: "Por que cada um de vocês não paira sobre o local e olha para baixo para o alvo?" Com isso, o arquiteto começou a desenhar ativamente.

Para o arquiteto, a imagem-alvo era o Partenon na Grécia. Na Figura 6, vemos no desenho do vidente que as colunas do templo estão todas deitadas, com os seus locais indicados por pontos dentro de um retângulo. Esse tipo de atividade dinâmica é frequentemente observado em desenhos de visão remota.

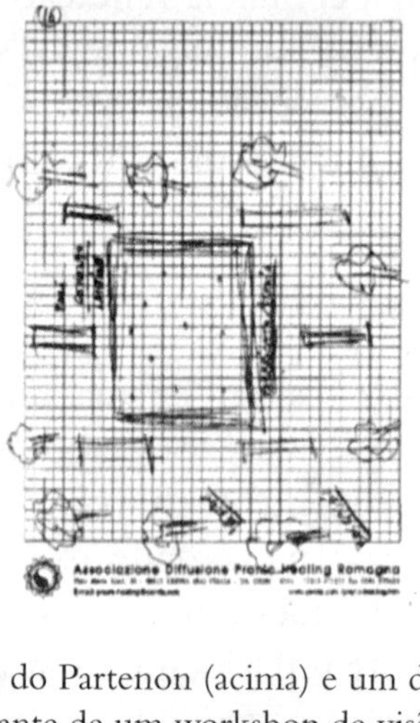

Figura 6. A imagem-alvo do Partenon (acima) e um desenho fragmentado feito por um arquiteto participante de um workshop de visão remota em Arco, Itália.

Ingo Swann dedica um capítulo inteiro a esse tipo de distorção em seu excelente livro *Natural ESP*. Ele chama isso de "falta de fusão", e a partir de sua própria experiência indica quatro níveis de distorção:

1. Todas as partes são percebidas corretamente, mas não se conectam para formar um todo.
2. Algumas partes estão fundidas, enquanto outras não.
3. A fusão é apenas aproximada.
4. As partes estão fundidas incorretamente; todas as partes estão lá, mas reunidas de tal maneira que criam falsamente uma outra imagem.

René Warcollier também discute esse fenômeno em seu livro pioneiro, *Mind-to-Mind*.[17] Warcollier descreve essa distorção como um tipo de "paralelismo", no qual elementos geométricos semelhantes se reorganizam:

> O que parece acontecer no caso de figuras geométricas é que um movimento é impresso naquela que de outra maneira seria uma imagem estática. É quase como se não tivéssemos, para a telepatia, qualquer traço de memória de figuras geométricas específicas, tais como o retângulo e o círculo. Em vez disso, teremos apenas ângulos e arcos. Há uma espécie de atração mútua entre partes que se combinam, um tipo de agrupamento, que eu chamo de "a lei do paralelismo".

De suas centenas de testes de imagens desenhadas, Warcollier dá seis exemplos desse paralelismo, ou efeito "falta de fusão". Eles são mostrados na Figura 7.

Warcollier teve um aguçado discernimento do problema da percepção paranormal. Ele (e, depois, Ingo Swann) ensinou que a análise mental, a memória e a imaginação constituem uma espécie de ruído mental no canal de visão remota. Portanto, quanto mais perto o vidente puder chegar das imagens e experiências cruas, não interpretadas, melhor. O vidente é incentivado a relatar as percepções espontâneas ("O que você está sentindo agora?" "O que você está vendo que faz com que você fale tal e tal coisa?") em vez de analisar, uma vez que a experiência crua, direta tende a se centralizar no alvo, enquanto a análise é geralmente incorreta. A memória, a análise e a imaginação são inimigas do funcionamento paranormal.

Figura 7. Experiências do *Mind-to-Mind de* René Warcollier demonstrando a falta de fusão.

Estágios da visão remota

Ingo Swann apresentou para todos nós do SRI o grande potencial da visão remota e passou muitos anos desenvolvendo teorias sobre essa habilidade. Swann sente que as pessoas passam por estágios distintos em uma sessão de visão remota à medida que têm acesso, progressivamente, a informações detalhadas e analíticas. O primeiro estágio da visão remota consiste basicamente de sensações cinestésicas e imagens iniciais fragmentárias que podem ser esboçadas. Joe McMoneagle chama a isso de "principal estágio gestalt".

As experiências do estágio dois envolvem sensações emocionais e estéticas básicas do alvo, tais como o medo, a solidão ou uma sensação de beleza. Joe observa que isso acontece quando sentimos que nossas percepções são "como" algo. Não são a coisa, mas se parecem com ela. Nessa situação, é uma boa ideia perguntar: "Como você se *sente* em relação a esse objeto (ou lugar)?"

As descrições dimensionais, tais como "grande", "pesada" ou "delgada", compreendem o estágio três. Nesse ponto, os videntes sentem, com frequência, um forte impulso de fazer croquis de formas livres, cujo significado talvez não seja evidente para eles. Os videntes são frequentemente tentados a fazer adivinhações analíticas sobre o nome ou a função do alvo. Swann chama a esses rótulos de "sobreposição analítica" ou "AOL" ("*analytical overlay*"). Dizer que a sua imagem mental é "parecida" com algo é uma maneira de indicar a sua percepção de AOL. Swann incentiva os videntes a desenvolverem uma percepção desse ruído mental e a evitarem a intelectualização de dar nomes e de adivinhar. Mestres de Dzogchen chamam essa tendência de dar nomes ou analisar de "existência condicionada", em comparação com a "percepção nua".

As informações que de fato descrevem a função ou propósito do alvo formam a base do estágio quatro, durante o qual Swann ensina os seus videntes a escreverem listas detalhadas de suas percepções. Os últimos pedacinhos dos descritores físicos e funcionais são combinados em um esboço final que identifica o alvo. Joe nos assegura que, nesse estágio, "os aspectos ocultos do alvo começarão a brilhar", e podemos aprender a reconhecê-los.

Eu acredito que se você despender o tempo adequado para seguir os exercícios que eu forneço no capítulo seguinte, poderá aprender com sucesso a passar por cada um desses estágios da visão remota. Então você será capaz de usar essas habilidades em sua vida diária.

Capítulo 3

Para o prazer de sua visão

Como você pode praticar a visão remota

Todos temos o dom da percepção expandida, ou PES. Neste capítulo, primeiro discutirei vários aspectos da visão remota bem-sucedida, depois o conduzirei por um processo passo a passo para aprender a prática da visão remota.

Os únicos limites às nossas capacidades paranormais consistem no ruído mental produzido pela memória, pela imaginação e pela análise. Neste capítulo, também descreverei essa tagarelice mental e apresentarei as técnicas que desenvolvemos para superá-la.

Há um *continuum* de experiências paranormais disponíveis para todos. Em uma extremidade do espectro está a prática serena da visão remota que ensino, na qual podemos "ver" e descrever cenas distantes em nossa tela mental. Na outra extremidade, estão as experiências fora do corpo, nas quais viajamos mentalmente a lugares distantes, o que pode desenvolver em nós tanta sensibilidade, emotividade e sexualidade[1] quanto somos capazes de administrar confortavelmente.

"Não há motivo para alarme, pessoal. Eu sou Morey Kranshaw, morador da casa lá da esquina, e estou tendo uma experiência fora do corpo."

Nós não ensinávamos viagem fora do corpo no SRI; não queríamos ninguém reclamando com a gerência — ou com o governo — que havíamos separado sua consciência do seu corpo e não conseguimos juntá-los de novo!

Jane Katra e eu tivemos o grande prazer e o privilégio de mostrar a centenas de pessoas do mundo inteiro como se tornarem videntes remotos — como entrarem em contato com a parte de si mesmas que é paranormal. Nos últimos três anos, conduzimos vários workshops na Itália, encerrando cada um deles com um teste formal, duplo-cego, da capacidade de visão remota dos participantes. Essas demonstrações revelavam um desvio altamente significativo em relação às expectativas de os resultados serem obra do acaso — melhor que um em mil (três resultados seguidos como esse batem as probabilidades de um em um bilhão).[2] Estamos confiantes de que, no final deste capítulo, você também terá aprendido a usar essa habilidade.

Ruído mental

Ingo Swann escreveu extensamente sobre as maneiras como distorcemos as nossas imagens paranormais percebidas nos nossos esforços de visão remota. Como mencionamos no capítulo anterior, "sobreposição analítica" (AOL) é o nome que ele deu ao processo de contaminação da nossa experiência direta de um alvo pela nossa análise das imagens baseada em nossa imaginação e em lembranças de imagens semelhantes. O ato de nomear inconscientemente as imagens na nossa tela mental provoca esse ruído. Na tradição budista Dzogchen, esse nomear, adivinhar ou agarrar é chamado de "percepção condicionada".

Esse poderoso — e geralmente subconsciente — condicionamento mental é causado pela nossa associação com amigos, sociedade, educação e pelo treinamento e doutrinação na infância. Sabemos, graças a pesquisas sobre psicologia perceptiva, que aquilo que experimentamos conscientemente é a relação entre o sinal percebido e os ruídos ambientais e mentais. Em outras palavras, quanto menos "barulho" houver, mais precisa será a nossa percepção. Não sabemos como amplificar a intensidade do sinal paranormal na visão remota, mas ao longo dos anos nos tornamos mais habilidosos em ajudar os estudantes a reduzir e superar as fontes do ruído mental — que interferem na nossa capacidade paranormal, degradando-a. Evitando nomear e analisar, e nos tornando cientes do nosso condicionamento ao longo de toda a vida, podemos aprender a ver com uma percepção nua e ampliar significativamente a razão sinal/ruído do nosso processo. Quando as pessoas conseguem alcançar com sucesso tal percepção, essa experiência muitas vezes transforma a sua vida, indo muito além do aperfeiçoamento da capacidade de encontrar as chaves perdidas do carro.

À medida que aprendemos a ver o mundo sem esse condicionamento, nós o vivenciamos com uma percepção nua, sem distorções. Há um ensinamento dzogchen do século IX exatamente sobre esse tema. É chamado de "autolibertação por meio da visão com percepção nua".[3] O sábio que levou os ensinamentos dzogchen ao Tibete foi Padmasambhava. Acerca do tema da percepção direta, ele escreveu:

> Assim, as coisas são percebidas de várias maneiras diferentes e podem ser explicadas de várias maneiras diferentes.
>
> Como você se agarrou a essas várias [aparências que surgem], apegando-se a elas, erros passam a existir. Contudo, no que diz respeito a todas essas aparências das quais você tem consciência em sua mente, mesmo que essas aparências que você percebe de fato surjam, se você não se agarrar a elas, alcançará o estado búdico. As aparências não são errôneas em si mesmas, mas em razão do seu ato de se agarrar a elas, os erros passam a existir.
>
> Mesmo que todo o universo inanimado exterior apareça para você, ele é apenas uma manifestação da mente.
>
> Portanto, a sua própria autopercepção manifesta passa a ver tudo de maneira nua. Essa autolibertação por meio do ver com a "percepção nua" é uma introdução direta à sua própria percepção intrínseca [de quem você é].[4]

Com base em nossas pesquisas no SRI, sabemos que todo o universo exterior pode, de fato, surgir diante dos nossos olhos. Na literatura dzogchen, isso é chamado de "percepção nua" ou "percepção intrínseca" e é o portal para a autorrealização. Mil e duzentos anos depois, nós chamamos isso de visão remota.

A escolha dos objetos-alvos

Escolher bons alvos é uma parte extremamente importante do processo de visão remota. Há muitos tipos de objetos que você pode escolher como alvos. Alguns deles serão mais fáceis de descrever remotamente do que outros. Ao se escolher um alvo para praticar, o objetivo é tornar o processo inteiro o mais fácil e bem-sucedido possível. O objeto-alvo deve ser maior do que uma caixa de fósforos e menor do que uma caixa de madeira de, digamos, 30 cm X 15 cm X 15 cm. Em vez de compacto, ele deve ser visualmente interessante e ter partes descritíveis. Por exemplo, uma boneca de pano ou uma xícara de chá com uma asa é mais fácil de se descrever do que uma estatueta de Buda em marfim ou uma bola de tênis. Um abacaxi seria mais fácil de descrever do que um pêssego. Uma escova de cabelo é melhor do que uma lixa de unha. Um objeto para a visão remota deve ser atraente e digno de ser descrito: nada de pedaços de carvão ou de lápis preto nº 2. É melhor evitar objetos que possam ser percebidos como assustadores ou desagradáveis para o vidente. Esse é um ponto importante, pois não convém quebrar a confiança incondicional do seu vidente em você ou no processo.

A DESCRIÇÃO DE OBJETOS ESCONDIDOS

Eu quero facilitar ao máximo a prática da visão remota, de modo que, em vez de lhe pedir para coletar figuras ou fotografias interessantes ou esconder uma pessoa ou um objeto em um local distante, sugiro que você use como alvos para a prática da visão remota pequenos objetos escondidos em recipientes opacos.

Como exemplo, vou descrever algumas experiências simples e bem-sucedidas em que Hal e eu pedimos a Hella Hammid para descrever alguns pequenos objetos escondidos. Queríamos descobrir se era possível descrever a cor de um objeto dentro de uma lata de alumínio para filme de 35 mm. Não há luz no interior de uma lata como essa, é claro, e estávamos interessados na percepção de um objeto colorido quando a cor não estava manifesta.

Eu não conhecia o conteúdo das dez latas que fornecemos. No nosso experimento, Hal escolhia aleatoriamente uma lata selada e a levava para o parque em frente ao nosso laboratório. Eu então entrevistava Hella indagando-lhe sobre quais eram suas impressões paranormais sobre o conteúdo da lata — o que achava que veria sair da lata meia hora depois, no momento em que a abrisse. Quando o alvo era um carretel de linha e um alfinete de cabeça, ela fez o desenho no topo da Figura 8, descrevendo um prego com cabeça. Quando o objeto era uma folha enrolada, ela desenhou espirais e se referiu a uma concha nautilus. Quando tivemos um minúsculo cinto com fivela, Hella expressou surpresa por alguém conseguir "colocar um cinto dentro de uma lata de filme". Em retrospecto, creio que um dos alvos — uma lata cheia de areia — foi uma escolha ruim para a visão remota, uma vez que o seu formato é apenas o da própria lata.

A Figura 8 mostra as primeiras cinco latas e seus respectivos conteúdos. Hella fez quatro acertos na primeira tentativa e um na segunda (a lata de areia). O que aprendemos com essa experiência foi que o vidente pode ver paranormalmente um objeto tão pequeno quanto um alfinete a uma distância de cerca de quatrocentos metros e aparentemente também pode descrever cores.

 Carretel e alfinete	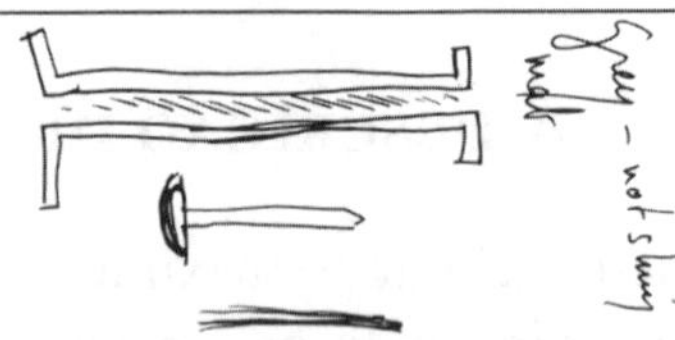 "Definitivamente é algo fino e comprido ... com uma cabeça de prego na ponta... é prateado."
 Folha enrolada	 "Tem o formato de uma concha nautilus com uma cauda"
 Cinto de couro com fivela	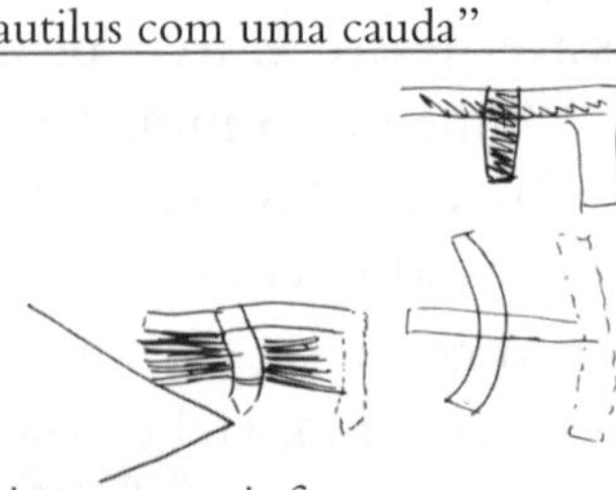 "A imagem mais forte que me vem é a de um cinto."

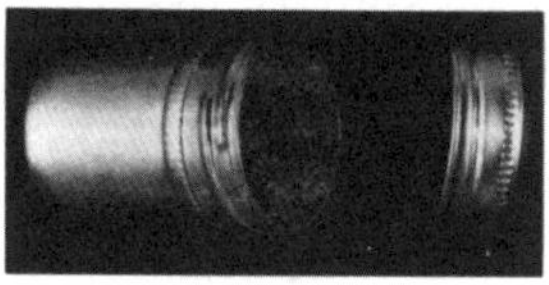 Lata de areia	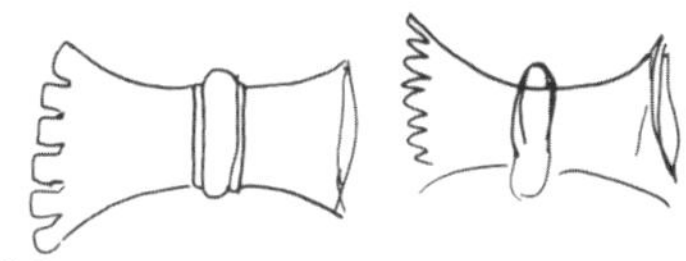 "Como uma torre em miniatura ... fundo recortado ... bege-claro."
 Pena de escrever cinzenta e branca	 "Como um pinguim ... cinzento e preto e branco ... pontiagudo ou ligeiramente arredondado no topo ... aberto ou pontiagudo no fundo."

Figura 8. Experiência com lata de filme de Hella Hammid: quatro acertos na primeira tentativa e um na segunda (a lata de areia).

Hella Hammid nos ensinou muito do que entendemos sobre o potencial da visão remota. Durante seus nove testes de visualização de alvos geograficamente distantes, ela atingiu um índice ainda mais estatisticamente significativo do que os da altamente bem-sucedida série de Pat Price num experimento semelhante. Conduzimos estudos sucessivos nos quais Hella descreveu com precisão objetos escondidos em caixas de madeira ou em latas de alumínio para filmes e até mesmo alvos microscópicos do tamanho de um ponto (micropontos), tais como aqueles usados pelos espiões para ocultar mensagens em letras. Todas essas visualizações foram cuidadosamente avaliadas em estudos duplo-cego, como descrevemos no Capítulo 2, constatando-se que também eram estatisticamente significativas. Desse modo, no final das contas, nosso inexperiente sujeito de controle se tornou a mais extensamente publicada paranormal do SRI!

O vidente e suas vizinhanças

Hella era uma vidente cautelosa no sentido de que não elaborava suas descrições para além do que realmente via e sentia de modo paranormal. Pat Price, por outro lado, ia a extremos para fornecer descrições arquitetônicas altamente detalhadas dos locais-alvos. Essas descrições estavam normalmente corretas, mas às vezes se mostravam de todo equivocadas. Jamais dizíamos que um determinando vidente era mais paranormal do que outro. Em vez disso, dizíamos que ambos tinham estilos diferentes. Se um terrorista tivesse plantado uma bomba em algum lugar da cidade, eu provavelmente chamaria Pat para tentar encontrá-la. Se tivesse perdido as minhas chaves em algum lugar de minha casa, eu chamaria Hella para descrever o móvel por trás do qual elas teriam caído.

A visão remota pode às vezes ser difícil porque requer toda a capacidade de concentração do vidente remoto.[5] O meio ambiente e os procedimentos envolvidos na visão remota devem ser naturais e confortáveis para minimizar o desvio da atenção para qualquer outra coisa diferente da tarefa proposta. Não usamos hipnose, lâmpadas estroboscópicas, procedimentos de privação sensorial ou drogas, uma vez que, em nossa opinião, tais fatores ambientais novos desviam parte da atenção necessária do sujeito. A nossa experiência indica que os videntes principiantes que seguem os procedimentos simples sugeridos neste livro são capazes de desenvolver sua capacidade paranormal sem ter de abrir mão da mente nem ter de comer papinha aos pés de um guru.

É importante reconhecer que, quer prescinda ou não da presença de um entrevistador, a visão remota envolve uma divisão do trabalho entre percepção e análise. A responsabilidade do vidente remoto é limitada ao exercício da faculdade de visão remota. O vidente precisa vivenciar e descrever suas imagens mentais — sem julgá-las nem analisá-las.

O PAPEL DO ENTREVISTADOR

É responsabilidade do entrevistador (e não do vidente remoto) providenciar as informações necessárias para que um árbitro imparcial possa analisar as descrições do alvo. Na literatura publicada, as séries mais bem-sucedidas de visão remota contaram com entrevistadores que se envolviam, e os videntes sempre tiveram uma realimentação imediata a respeito do alvo correto. Em qualquer empreendimento humano, não existe aprendizado sem realimentação.

Quando o alvo é um objeto, o entrevistador tem muito mais liberdade para fazer perguntas do que quando o alvo é um local. Como ele tenta firmemente não fazer perguntas que possam conduzir o vidente, os locais podem limitar muito a sua ação. Mas com objetos que o vidente poderá segurar nas mãos algum tempo depois para receber a realimentação, o entrevistador tem condições de formular uma grande variedade de perguntas. Por exemplo:

- Com o que se parece o objeto em sua mão?
- Que sensação provoca?
- É brilhante ou colorido?
- Pesa muito?
- O que você sente que poderia fazer com ele?
- Que sensação ele dá quando você o aperta?
- Vire o objeto mentalmente: você vê nele alguma coisa nova?
- O objeto tem algum odor?

Nas nossas experiências, Hal levava o objeto até o parque porque, se o colocasse em uma sacola sobre a mesa diante da vidente, esta tentaria "vê-lo" através da sacola — como uma espécie de versão feminina do Super-Homem tentando enxergar o interior da sacola com o auxílio da visão de raios X. Essa abordagem aparentemente não funciona; não é visão remota.

Os videntes costumam dizer algo como: "Estou vendo uma coisa parecida com um hidrante." Em geral, isso significa que o vidente não está de fato vendo um hidrante de incêndio. Esse é um bom momento para o entrevistador perguntar: "O que você está vivenciando (vendo) que o faz pensar que se trata de um hidrante?" O vidente remoto é incentivado a esboçar e escrever tudo o que vê, mesmo que ele argumente que não é um artista ou que não consegue esboçar uma boa descrição. O vidente pode registrar suas impressões ao longo de toda a sessão ou pode esperar até que a sessão termine se a atividade intermitente de desenhar prejudica sua concentração. Como tendem a ser mais precisos do que as descrições verbais, os desenhos constituem um fator extremamente importante para gerar resultados positivos.

Visão remota sem entrevistador

Embora enfatizemos a utilidade do trabalho analítico do entrevistador, sua presença não é essencial. Os videntes com muita prática podem fazer as perguntas a si mesmos durante a sessão. Entretanto, se você estiver trabalhando sozinho, é necessário que você encontre um modo de preparar alvos de maneira cega.

Outro exemplo extraído da nossa experiência no SRI ilustrará o processo de visão remota sem entrevistador. Um dos mais brilhantes e atraentes "supervisores de contrato" que a CIA nos enviou era uma moça com doutorado em engenharia mecânica, que chamarei de "dra. P". Ela estava muito curiosa com relação ao potencial da PES. A dra. P. disse-me que havia ingressado na CIA imediatamente depois de se formar e de ler *Psychic Discoveries Behind the Iron Curtain* porque estava convicta de que a CIA seguramente mantinha um extensivo programa de pesquisas paranormais semelhante ao que Ostrander e Schroeder descreveram naquele livro.[6] Ela estava certa.

Por volta de 1976, nós já tínhamos um médico e um físico como supervisores de contrato. Porém, quando a dra. P. apareceu, a coisa mudou de figura. Ela trouxe uma abordagem mais prática. "Mandei dois rapazes para visitar vocês na Califórnia e depois de uma semana eles voltaram achando que são paranormais. Quero passar pelo protocolo todo pessoalmente", revelou.

Ficamos contentes em ajudá-la no que fosse preciso — nós a achamos muito divertida. Era uma mulher bonita, com longos cabelos escuros, que, por alguma razão que jamais viemos a descobrir, frequentemente chegava ao nosso laboratório às 9 horas da manhã trajando um lindo vestido de festa — muito diferente do que estávamos acostumados no SRI.

Ela queria ser tratada como qualquer outro vidente remoto do programa com o intuito de descobrir onde nós tínhamos escorregado

— ou talvez enganado os homens que ela nos enviara. A dra. P. fez dois testes de visão remota nos quais apresentou excelentes desenhos e descrições de locais-alvos escolhidos aleatoriamente como alvos — os lugares onde Hal se escondera. Em ambos os testes, eu fui o entrevistador.

Na manhã seguinte a esses testes, a dra. P. apareceu com um novo plano. Ela queria experimentar a visão remota sozinha — sem entrevistador. Afinal de contas, argumentou, era possível que eu soubesse a resposta e a estimulasse ou a conduzisse na direção correta. O que fazia sentido. Então nós lhe demos um gravador, algumas folhas de papel e a deixamos na suíte do nosso laboratório. Trancamos a porta e a lacramos ao longo de todas as bordas com fita adesiva antes de sairmos porque também não confiávamos nela!

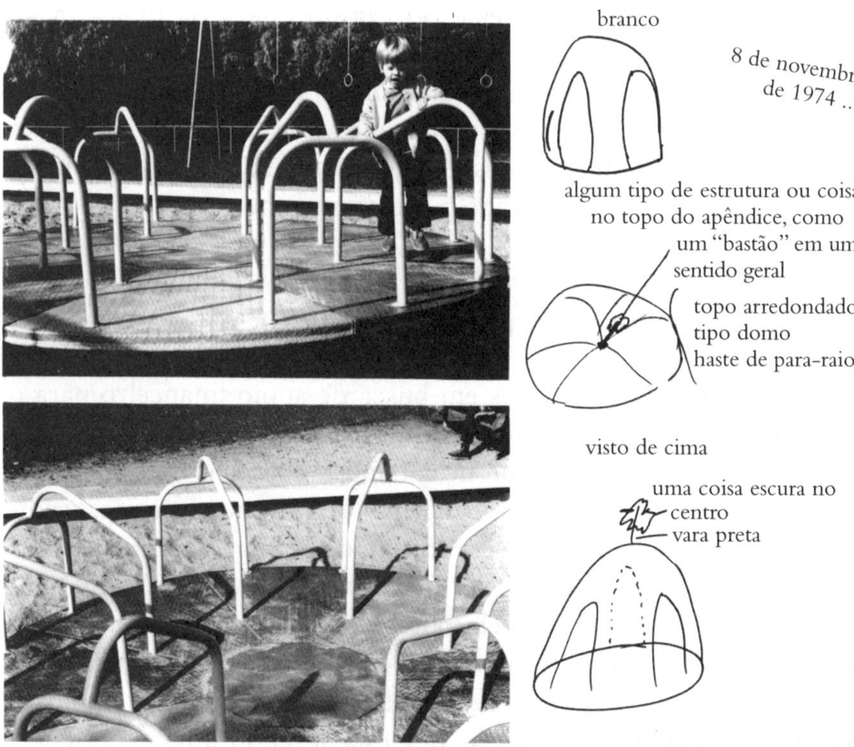

Figura 9. Fotos do alvo: um gira-gira (esquerda) e desenhos de uma vidente da CIA. A vidente trabalhou sozinha, sem entrevistador.

Nosso gerador eletrônico de números aleatórios selecionou um envelope-alvo dentre sessenta possibilidades, o qual nos enviou para o gira-gira em Rinconada Park, a oito quilômetros do SRI. Nós fomos ao parque, tiramos fotografias e gravamos a voz de algumas criancinhas no brinquedo pedindo "me empurra, me empurra". Quando voltamos ao SRI trinta minutos mais tarde, a porta ainda estava lacrada com fita adesiva e a dra. P. estava encurvada em um canto da sala. Passara a maior parte do tempo com as mãos nos ouvidos por recear possíveis pistas subliminares provenientes de alto-falantes escondidos nas paredes. Embora apaixonadamente interessada em fenômenos *psi*, estava igualmente determinada a não ser enganada por nós!

Ela havia desenhado um objeto circular dividido em seis partes e dotado de um eixo central, exatamente como o gira-gira. Havia arcos no disco principal e lhe ocorreu que a coisa toda era chamada de "*cupola*", embora ela não tivesse certeza do que seria uma *cupola*; nenhum de nós conhecia. Agora sabemos que se trata da palavra italiana para cúpula, a estrutura circular e decorativa que vemos no topo de algumas construções russas, italianas e vitorianas. Seus excelentes desenhos da visão remota (feitos sem qualquer auxílio) estão na Figura 9. O nosso contrato foi renovado por mais um ano.

Nem sempre os videntes têm de desenhar

Em 1975, Hal e eu estávamos em busca de apoio financeiro para o nosso incipiente programa de PES. Eu tive a ideia de telefonar para Richard Bach, que acabara de ficar famoso com seu livro *Jonathan Livingston Seagull* (Fernão Capelo Gaivota).[7] Minha boa amiga e editora, Eleanor Friede, também era editora de Richard e fez as apresentações. Telefonei para a casa dele, que ficava na cobertura de um hangar de avião na Flórida. Falei sobre a nossa pesquisa sobre visão remota e revelei que, se ninguém mais sabia disso, pelo menos eu sabia que o seu livro não era realmente sobre um pássaro, em absoluto, mas sim sobre uma pessoa que estava tendo uma experiência fora do corpo. Eu lhe perguntei se gostaria de vir à Califórnia e aprender a desenvolver a visão remota e, se a experiência lhe agradasse, talvez ajudar na nossa pesquisa. (Quando as pessoas me perguntam sobre as oportunidades profissionais oferecidas pelas pesquisas sobre fenômenos *psi*, costumo contar sobre esse tipo de telefonemas para captação de fundos.)

Num certo dia frio de outono, Richard chegou ao SRI. Nós lhe dissemos que Hal se esconderia em algum lugar na área da Baía de San Francisco, enquanto ele e eu permaneceríamos no laboratório e descreveríamos o local-alvo de Hal. No horário marcado, eu o ajudei a descrever suas imagens mentais relacionadas ao lugar em que Hal estava. Richard comentou que não sabia desenhar, mas que vira algo com o formato de um grande V invertido: um edifício muito alto. Eu o convidei a flutuar para dentro do prédio e descrever o seu interior. Ele disse que se parecia com um terminal de aeroporto. O uso de "se parece com" é sempre uma chave indicando que uma lembrança está sendo despertada, por isso lhe perguntei o que ele estava experimentando naquele momento que fez com que ele dissesse "terminal de aeroporto". Ele respondeu: "Vejo um espaço longo, aberto. Na ponta, há um balcão com guichê — um balcão branco comprido. E atrás do balcão, na parede, está o logo da empresa."

O alvo era a estrutura grande, em formato de A, de uma igreja metodista em Palo Alto, com um altar comprido de mármore branco na extremidade. E, como era de se esperar, na parede, por trás do altar, estava "o logo da empresa": uma cruz. Quando Richard visitou a igreja conosco, ficou muito contente — e nos deu um cheque generoso para ajudar a pesquisa.

Mente-para-mente versus duplo-cego

Quando ensino visão remota, sempre gosto que os dois primeiros testes incluam a possibilidade de um canal telepático — mente-para-mente — entre o entrevistador e o vidente. Para que isso ocorra, o entrevistador precisa saber qual é o objeto-alvo, ao contrário do que ocorre no teste duplo-cego. Isso dá ao vidente três caminhos possíveis para receber as informações paranormais:

- Conexão direta entre o clarividente e o objeto-alvo.
- Conexão telepática com o entrevistador, que já conhece o objeto-alvo.
- Canal precognitivo com o momento futuro, em que o entrevistador colocará o objeto na mão do vidente.

Contudo, há sempre a possibilidade de, se conhecer o alvo, o entrevistador dar pistas subconscientes quanto à correção da descrição ou do desenho do vidente durante a sessão. Isso pode produzir um mau resultado; o vidente aprenderia a decodificar a respiração e o tom de voz do entrevistador e não aprenderia nada sobre processos paranormais e mentais. Especialistas como Ingo Swann acreditam que, nos estágios iniciais, o aprendizado de visão remota pode ser intensificado se o entrevistador conhecer o alvo. Por outro lado, Joe McMoneagle, em seu livro *Remote Viewing Secrets*, sugere que "nenhum dos presentes deve conhecer o alvo".[8] Então, o que devemos fazer?

Quando Jane Katra e eu ministramos workshops de visão remota, nossa primeira regra é que a visão remota deve ser divertida. Um dos exercícios que fazemos com os nossos estudantes teve origem na necessidade de nos entretermos durante nossas longas viagens juntos: trocar imagens mentais. É um jogo muito simples. Uma pessoa retém na mente a imagem de um objeto e a outra pessoa conjura a imagem e descreve aquela que lhe vier à cabeça. Esse canal pode funcionar tão bem que seria uma pena você se privar da experiência nos estágios iniciais do aprendizado de visão remota. Porém, depois de alguns testes, acreditamos que é melhor você trabalhar em situações de duplo-cego, nas quais o entrevistador não conhece a resposta.

Para tanto, você pode fazer o entrevistador misturar completamente os recipientes ou as sacolas de compras que contêm os objetos-alvo, de modo a não saber o que um determinado recipiente contém. Então, o entrevistador pode apanhar um dos recipientes e colocá-lo em uma mesa em outra sala, fora de visão. E então tudo estará pronto para você iniciar o teste duplo-cego.

Começa o teste

Agora que boa parte do mistério foi revelada, você já está em condições de praticar a visão remota com um amigo e aprender a entrar em contato com a parte paranormal de si mesmo.

Eis um exemplo passo a passo de como praticar visão remota com um parceiro; como observei, isso parece produzir os melhores resultados.

1. Peça a um amigo para escolher um objeto interessante que encontrar em casa, guardá-lo em uma sacola e colocar a sacola sobre uma mesa em outro quarto. Esse será o seu objeto-alvo.

Antes de iniciar a visão remota, o entrevistador deve sentar-se com você em uma sala com iluminação suave e cada um de vocês dois deve ter caneta e papel. Anote a data e o seu nome no alto da página, junto com a frase "Eu posso realizar a visão remota". Essa é a sua afirmação para o sucesso. Depois de vinte ou trinta visões remotas, você pode pensar em abandonar essa afirmação, se quiser. Mas escreva sempre: "Alvo para [data de hoje]" como indicação da seriedade do seu propósito.

Reserve alguns minutos para aquietar a mente, respirando profunda e lentamente, deixando os pensamentos surgirem e irem embora, até que a sua mente fique limpa da tagarelice mental e você se sinta calmo.

LEMBRE-SE: De acordo com Warcollier e Swann, análises mentais, lembranças, adivinhações e imaginação constituem uma espécie de ruído mental no canal de visão remota.

O seu entrevistador pode dizer alguma coisa como: "Tenho um objeto que precisa ser descrito." (É o objeto que o entrevistador colocou numa sacola para você.)

LEMBRE-SE: O papel do vidente remoto é o de perceber e atuar como canal de informações. O papel do entrevistador é extrair as informações, não analisá-las. A experiência direta tende a estar em contato direto com o alvo, enquanto a análise geralmente é incorreta.

É preciso que haja uma total confiança entre o vidente e o entrevistador. A visão remota é uma atividade pacífica e de entrega. O entrevistador não está ali para julgar o desempenho do vidente.

2. Feche os olhos, relaxe por uns dois minutos e descreva ao entrevistador quais são as suas imagens mentais em relação ao objeto, começando pelos primeiros fragmentos de formato ou formas. Esses primeiros pedacinhos paranormais são os formatos mais importantes que você verá.

LEMBRE-SE: As primeiras impressões e formatos são inestimáveis e com frequência dão o tom de toda a experiência de visão.

O seu entrevistador prossegue: "Agora que os seus olhos estão fechados e você está relaxado, pode falar sobre as suas imagens mentais em relação ao item que está no outro quarto?"

3. Diga ao entrevistador o que você vê na sua tela mental. Escreva as suas respostas ou peça ao entrevistador para anotar palavra por palavra.

Se tiver uma impressão nítida e clara antes de iniciar a sessão, conte ao entrevistador o que viu. É essencial "interrogar" as imagens que lhe vierem durante a sessão, pois elas podem não ter nada a ver com o alvo. Imagens nítidas e claras no início da sessão devem ser declaradas em voz alta para limpar a sua lousa mental desse tipo de ruído analítico.

4. Desenhe os esboços dos primeiros formatos ou formas fragmentários.

Você pode fazer pequenos esboços dessas imagens à medida que lhe vierem à mente, mesmo que não façam sentido ou não sejam objetos. A sua mão pode fazer pequenos movimentos no ar acima do papel; preste atenção a eles e descreva o que sua mente subliminar está tentando lhe dizer. Relaxe e diga o que lhe vier à cabeça. O seu entrevistador estará ouvindo atentamente e atuando como um banco de memória para as suas descrições, de modo que você está livre para simplesmente "ver" e descrever as imagens à medida que forem surgindo.

5. Muito bem, agora, faça uma pequena pausa.

6. Quando estiver pronto, olhe novamente para a sua lousa mental interior. Lembre-se de respirar depois que cada nova imagem surgir. Você pode "ver", ou receber, outro pedacinho de informação paranormal — mais contornos ou formas — ou visualizar mais detalhes da "figura" que você já viu.

Como vidente, você está procurando em especial imagens novas e surpreendentes que não pertencem ao seu repertório normal de imagens mentais.

O seu entrevistador pode ajudá-lo a permanecer concentrado fazendo perguntas como:

- O que você está experimentando agora?
- Como se sente em relação ao alvo?
- Há elementos novos ou surpreendentes?
- O que você está vendo que o fez dizer isso?

LEMBRE-SE: O uso de "se parece com" é sempre uma chave indicando que uma lembrança foi despertada. O seu entrevistador deve prosseguir com mais perguntas relacionadas.

7. Mentalmente, imagine-se segurando o objeto-alvo durante alguns minutos.

O seu entrevistador pode agora fazer as seguintes perguntas enquanto você descreve o objeto:

- O objeto é colorido?
- É brilhante?
- Tem bordas afiadas?
- O que você pode fazer com ele?
- Tem partes móveis?
- Tem odor?
- É pesado ou leve, é de madeira ou de metal?

Quando começar a trabalhar com alvos ao ar livre, você também procurará movimento no local. Além disso, você pode deslocar-se até o alvo distante ou pairar no ar para obter uma valiosa vista a partir de cima.

Depois de acabar, comece de novo. Prossiga com esse tranquilo processo mental até que novos pedacinhos de informação cheguem a você. O processo todo não deve demorar mais que dez a quinze minutos.

LEMBRE-SE: Para acertar, você precisa estar disposto a errar. É por isso que a confiança entre vidente e entrevistador é tão importante.

Ao longo desse processo, você pode aprender a fornecer uma descrição surpreendentemente coerente de um objeto escondido. É altamente improvável, porém, que você saiba exatamente o que é o objeto.

8. Depois de descrever várias imagens desse alvo, resuma tudo o que você disse.

Procure especificar as imagens que lhe parecerem mais fortes e avalie a probabilidade de cada uma ter surgido da memória (talvez coisas que viu antes nesse mesmo dia) ou da imaginação. Ou seja, depois de terminar a experiência de visão, você precisa revisar as suas anotações e esboços e separar os pedacinhos paranormais do ruído analítico. A coleção de pedacinhos paranormais será a sua descrição do alvo.

Se lhe disserem de antemão que o seu alvo será um entre dois ou mais objetos, isso dificultará muito a descrição do alvo correto, pois você terá imagens mentais de todos os itens. Para separar os pedacinhos paranormais de informação da sobreposição de dados analíticos (ruído mental), pode ser que você ainda tenha de passar muitas vezes pelo processo de coleta de pedacinhos. Por isso, recomendamos que você não seja informado sobre muitos objetos de antemão. (Até onde sei, Ingo Swann é a única pessoa que pode, de maneira confiável, fazer a discriminação entre alvos conhecidos; ele acertava em 80% das vezes nos experimentos formais no SRI!)

9. Depois de você fazer os seus esboços e anotar as suas impressões, o seu entrevistador deve mostrar-lhe o objeto para que ambos examinem juntos tudo o que você descreveu de modo correto.

Durante esse estágio, é possível que você exclame: "Eu vi isso, mas não falei!", o que ocorre com frequência. A regra no jogo da visão remota é que se não foi colocado no papel, não aconteceu. Por isso, é importante anotar ou desenhar tudo; por fim, você aprenderá a distinguir entre sinal e ruído.

Nós costumamos comparar o fenômeno *psi* ao dom musical: ele está amplamente distribuído pela população e todos temos alguma capacidade e podemos participar até certo ponto — da mesma maneira que qualquer pessoa que não tenha talento musical pode aprender a tocar uma peça de Mozart no piano. Por outro lado, não existe substituto para o talento inato, nem substituto para a prática.

Eu espero que este capítulo o ajude a iniciar o desenvolvimento da sua capacidade paranormal. Principalmente, espero que lhe dê permissão para expressar e usar seus talentos e dons inatos. Com base em três décadas de experiência, não tenho dúvida de que você pode obter visão remota se seguir essas instruções. Não omitimos nenhum ingrediente secreto. Eu lhe desejo sucesso — e as sensações de entusiasmo e espanto que sempre o acompanham.

Depois de demonstrar para si mesmo que essa capacidade intuitiva está realmente disponível, você pode começar a se perguntar sobre outros aspectos da mente não local. O verdadeiro valor da visão remota está no fato de que ela nos põe em contato com a parte de nossa consciência que claramente não está limitada pela distância ou pelo tempo. A visão remota permite que nos conscientizemos da nossa natureza interligada e interdependente.

Além disso, hoje sabemos que vivenciar o futuro não é mais difícil do que perceber um presente oculto. No próximo capítulo, investigaremos a precognição — a visão remota do futuro.

Capítulo 4

Precognição

Não existe tempo como o futuro — ou o passado

A teoria quântica revela que não existem partes separadas na realidade, mas ao contrário apenas fenômenos intimamente relacionados entre si a ponto de serem inseparáveis.

— Professor Henry Stapp

Nossa capacidade para expandir nossa percepção pessoal através do tempo e do espaço proporciona a mais forte evidência possível de que existimos fora do tempo. Nossa mente pacificada pode aprender a residir fora do tempo, em um lugar livre de depressão por causa do passado, de ansiedade em relação ao futuro ou de medo do presente. Esse estado de vastidão atemporal se manifesta como a mente aquietada. Nossa capacidade para movimentar deliberadamente a nossa percepção através do tempo e do espaço oferece experiências poderosas e transformadoras, demonstrando claramente que não somos apenas corpos, mas também uma percepção atemporal residindo em um corpo.

Se você realizou alguns dos exercícios do capítulo anterior, agora sabe por experiência própria que não há separação na consciência, como os místicos vêm nos dizendo há milênios. Os místicos nunca lhe pedirão para aceitar o que eles dizem como uma questão de fé; o místico habita o mundo da experiência. Quando Joseph Campbell, o grande especialista em mitologia e religiões do mundo, foi entrevistado por Bill Moyers em sua série de televisão *O Poder do Mito*, este lhe perguntou se Campbell era uma pessoa de "grande fé". Homem que viajou muito e muito estudou, Campbell respondeu: "Não preciso de fé; eu tenho a experiência."

Também tive a boa fortuna de vivenciar uma ampla gama de experiências paranormais pessoais. Elas me mostraram, de maneira extraordinária, a liberdade que temos de viajar não apenas para frente no tempo, mas também para trás. Neste capítulo, descreverei algumas das minhas experiências nesse campo, juntamente com os melhores dados sobre viagens no tempo colhidos em pesquisas de laboratório.

Sonhos sobre o futuro

Os sonhos precognitivos são provavelmente as mais comuns ocorrências paranormais na vida de uma pessoa média. Esses sonhos frequentemente nos dão um vislumbre dos acontecimentos que iremos vivenciar no dia seguinte ou em um futuro próximo. Na verdade, acredito que os sonhos precognitivos podem ser causados pela experiência que temos nesse tempo futuro. Por exemplo, se você sonha com um elefante passando na frente da sua janela e na manhã seguinte, ao acordar, vê um circo liderado por um elefante desfilar pela sua rua, eu diria que o sonho com o elefante da noite anterior foi causado pela sua experiência de ver o elefante na manhã seguinte. Esse é um exemplo de futuro afetando o passado — o que não é tão estranho quanto possa parecer quando você compreende que somos todos uma percepção atemporal.

Há um imenso corpo de evidências que dão apoio a esse modelo da causalidade. No entanto, o que não pode acontecer é um acontecimento futuro mudar o passado. Nada no futuro pode fazer com que algo que já aconteceu não tenha acontecido. Isso é chamado de "paradoxo da intervenção". Esse paradoxo é ilustrado pelo conhecido experimento de pensamento no qual um homem mata de maneira paranormal a sua avó no passado, quando ela era criança, impedindo desse modo que ele próprio viesse a existir. Esse tipo de coisa é interessante para se pensar sobre ele, mas não há sequer um pingo de evidência que nos faça levá-lo a sério. Existem algumas coisas que você simplesmente não pode fazer!

Para saber se um sonho é precognitivo, você precisa reconhecer se ele foi ou não causado por algum resíduo mental do dia anterior, pelos seus desejos ou ansiedades. Os sonhos precognitivos têm uma clareza incomum e frequentemente contêm materiais extravagantes ou não familiares. Os especialistas em sonhos gostam de falar da clareza sobrenatural (misteriosa) dos sonhos precognitivos. Esses não são sonhos ligados à satisfação de desejos ou à expressão da ansiedade. Se, por exemplo, você não estiver preparado para um exame e sonhar que foi reprovado, nós não consideraríamos isso uma precognição, mas uma relação comum de causa e efeito. Por outro lado, se você faz centenas de viagens de avião ao longo dos anos sem nenhuma ansiedade e certa noite tem um sonho assustador sobre um acidente aéreo, você pode querer pensar duas vezes antes de pôr em prática os seus planos de viagem. Durante o programa de visão remota do SRI, nosso monitor de contrato da CIA salvou a própria vida adiando seu voo para Detroit depois de um sonho especialmente assustador em que se encontrava em um avião que caía. Infelizmente, seu parceiro tomou o avião. Outro exemplo desse fenômeno: no dia seguinte à tragédia de 11 de setembro, li no *International Herald Tribune* que havia muito menos passageiros em cada um dos quatro aviões acidentados do que normalmente acontecia naquele horário.

Uma das perguntas mais interessantes em toda a pesquisa paranormal é relativa a como podemos fazer uso da precognição em nossa vida. Seríamos capazes de usar informações precognitivas para mudarmos um futuro que percebemos, mas de que não gostamos? Quando tentamos responder a essa pergunta, deparamos com um problema: "Se você muda o futuro para que a coisa desagradável não lhe aconteça, de onde então veio o tal sonho?"

Em primeiro lugar, o sonho precognitivo não é uma profecia, mas uma previsão baseada em todas as "linhas de universo" (trajetórias possíveis através do espaço e do tempo; ver Capítulo 1) presentemente disponíveis. Se quero fazer uso das informações que acabei de receber de modo precognitivo, acredito que posso mudar o futuro. Posso, por exemplo, ter um sonho amedrontador em que me vejo bater o carro e morrer. Se o sonho for especialmente vívido, talvez fosse prudente levar o meu carro a um mecânico e pedir-lhe que o examine. Se a inspeção revelar que está tudo bem, exceto pelo fato de que um dos parafusos de uma roda do meu carro caiu, essa inspeção, inspirada pelo meu sonho preocupante, pode ter evitado a batida e salvo a minha vida. (Não é necessário dizer que prefiro esse resultado ao do meu sonho.) Esse novo resultado não torna falsa a minha previsão inicial. Bertrand Russell descreveu esse suposto paradoxo do círculo vicioso em seu texto sobre teoria dos tipos:[1]

> O sonho é apenas uma previsão de eventos que acontecerão no futuro a menos que você faça alguma coisa para alterá-los com base nas informações contidas no sonho. Tal ação não falsifica a previsão. Não existe nenhum paradoxo. Nesse caso se trata de um sonho sobre um futuro provável que não se concretiza.

Outra pergunta que se poderia fazer é esta: "Como é possível sonharmos com a queda de um avião ou uma colisão de carro e depois descobrirmos que isso realmente aconteceu, mas sem que estivéssemos presentes?" A resposta aqui é muito diferente. Você sonha com o acidente real, mas não toma parte nele, e então dramatiza os acontecimentos no sonho incluindo-se neles. Poderíamos dizer que o acidente assustador efetivamente ocorrido pode ter sido o estímulo ou a causa do sonho da noite anterior. Esse fenômeno é chamado de *retrocausalidade* e pode constituir a base da maioria das precognições.

Um típico sonho precognitivo

Meu sentido visual é muito forte e frequentemente tenho sonhos memoráveis. Há vários anos, quando participava de uma conferência científica em que apresentaria um ensaio técnico, tive um sonho extraordinário. Sonhei que a pessoa que falaria antes de mim estava de pé junto à mesa de leitura, trajando um *smoking* com um cravo vermelho na lapela, e faria a sua apresentação cantando. Esse sonho, diferentemente de muitos outros que eu tive, certamente não refletia a realização de nenhum desejo nem resíduos das experiências do dia anterior. Tudo o que ele apresentava era a clareza singular e a natureza bizarra que eu passei a associar aos sonhos precognitivos. Na manhã seguinte, conversei com Hal Puthoff sobre o sonho. No caminho para o café da manhã, passamos pela sala de conferências do hotel para ver como era. Junto à mesa de leitura, além das filas de cadeiras, estava de pé um homem de *smoking* usando um cravo vermelho na lapela. Fui ao seu encontro e lhe perguntei se iria cantar. "Sim", ele disse, "mas só mais tarde." Tratava-se do líder de uma banda que mais tarde usaria a sala de conferência para um banquete no qual ele planejava cantar! Foi a minha mente analítica que o fez surgir em meu sonho como um colega apresentando um trabalho.

Sonhar com o passado

Durante minha última viagem à Itália, onde ministrei um curso em conjunto com Jane Katra, tive um surpreendente sonho *retrocognitivo* (um sonho sobre acontecimentos do passado dos quais eu não tinha conhecimento). Nesse sonho, eu estava em um *ashram* religioso que me deu a impressão de ser um acampamento de verão. Quando eu caminhava para uma mesa ao ar livre nessa paisagem árida e empoeirada, uma mulher baixa, de cabelos escuros e encaracolados, aproximou-se de mim e, cheia de excitação, me convidou para ver filmes do seu "guru". Concordei, mas disse que antes queria comer. Então a mulher de cabelos escuros apanhou algo que parecia gengibre cor-de-rosa japonês de uma mesa montada sobre cavaletes e o ofereceu para mim. Eu aceitei e me senti sufocado porque tinha gosto de sujeira de carpete. Continuei me sentindo sufocado até que acordei.

Na manhã seguinte, relatei esse sonho estranho para Jane. Eu tivera recentemente dois sonhos sobre coisas que iríamos ver em Milão — as quais vimos de fato — e queria obter crédito por mais outro sonho precognitivo. (Nenhum ego aqui; isso era apenas ciência.) Jane então me contou que, no dia anterior, havia passado essencialmente pela experiência que eu havia descrito: enquanto eu estava no palco da nossa sala de palestras ajustando um projetor de diapositivos sobre uma mesa montada sobre cavaletes, ela, na parte mais distante do auditório, fora abordada por uma mulher baixa e de cabelos encaracolados, que era uma das nossas alunas. Essa mulher queria mostrar a Jane algumas fotos do seu guru, Sai Baba. As fotos eram interessantes porque mostravam o famoso guru em uma conferência de paz em Assis, apesar de ele nunca ter estado ali fisicamente (como nos informaram). A mulher então animadamente abriu a bolsa e pegou uma pequena caixa branca cheia de um pó alaranjado. Ela pegou uma pitada e a colocou de repente dentro da boca aberta de Jane, que começou a ter um acesso de tosse. Tinham-lhe dito que o pó era o *vibuti* sagrado que havia sido produzido magicamente por Sai Baba num encontro no ano anterior. Meu sonho naquela noite foi uma recapitulação surpreendentemente precisa da experiência de Jane do dia anterior, da qual eu não tivera nenhum conhecimento.

Jane e eu compartilhamos muitos desses intercâmbios atemporais nos quais eu vivenciava seu estado ou condição física. No começo do nosso trabalho juntos, Jane sugeriu que eu lhe "fizesse uma visitinha" às dez horas da noite em sua casa em Eugene, Oregon. No horário combinado, diminuí as luzes, sentei-me com as pernas cruzadas (o que não é exigido na visão remota) em minha cama em Palo Alto, Califórnia, e concentrei minha atenção em minha nova amiga, Jane. Empregando uma técnica que Bob Monroe descreve em seu livro *Journeys Out Of the Body*, visualizei-me indo para o norte até sua casa.[2] Eu a "vi" carregando uma bandeja prateada em um quarto com pouca luz. Tive a sensação de que ela estava me oferecendo um pedaço de bolo. Estava a ponto de aceitá-lo, quando toda a bandeja foi empurrada contra o meu rosto e eu caí para trás na cama. Você consegue adivinhar o que na verdade aconteceu em Eugene? O fato foi que Jane esqueceu por completo o nosso experimento e estava assistindo a alguns vídeos com a sua família. Perto das dez da noite, resolveu fazer pipoca. Despejou a pipoca de aroma agradável e quente numa grande tigela de aço inox. Na hora exata do nosso experimento, Jane, como muitos de nós já fizemos, introduziu o seu rosto na tigela para catar algumas pipocas com a língua. Essa foi a fonte da minha experiência "bandeja-prateada-no-rosto". Eu atribuiria as similaridades entre o que Jane estava fazendo e o que eu "vi" à PES e as diferenças, a vários tipos de ruído mental.

Jane e eu já escrevemos, trabalhamos e ensinamos juntos há uma década. De tempos em tempos, minhas visões interiores e sensações pertinentes às atividades distantes que ela está realizando são tão precisas, profundas e vívidas que tomam a aparência de um "entrelaçamento quântico nascido de uma única função de onda". Nesse fenômeno, dois fótons são criados juntos e se afastam um do outro à velocidade da luz. Apesar da separação, tudo o que acontece a um deles também afeta o outro.

Eu aprendi — e acredito nisso sem sombra de dúvida — que, ao nos entregarmos cada vez mais à experiência da visão remota, muitas outras coisas ocorrem além de simplesmente vermos imagens em nossa tela mental. Acredito que, na prática da visão remota, recebemos breves vislumbres da existência atemporal. Em uma linguagem contemporânea, eu diria que, se nós vivemos em um universo não local, como parece que vivemos, então estamos, ou podemos estar, em contato direto tanto com o nosso eu passado como com o nosso eu futuro. O contato está lá e temos de escolher se nos tornaremos cientes dele. Erwin Schrödinger ficou tão impressionado com a importância do entrelaçamento quântico e da não localidade que escreveu a respeito deles em seu artigo seminal de 1935 (o mesmo artigo em que ele apresentou o seu célebre paradoxo do gato que quantomecanicamente não estava nem vivo nem morto):

> [O entrelaçamento é] não apenas um traço característico da mecânica quântica, mas *o traço* que impõe o seu completo afastamento das linhas de pensamento clássico.[3]

O futuro paranormal

Há muito mais coisas sobre a precognição do que as minhas experiências pessoais. Num resumo dos dados das pesquisas realizadas de 1935 a 1987 a respeito do que chamamos de "presciência paranormal do futuro", meus bons amigos Charles Honorton e Diane Ferrari examinaram os relatórios de 309 experimentos sobre precognição realizados por 62 investigadores.[4] Mais de 50.000 indivíduos participaram de mais de dois milhões de testes. Trinta por cento desses estudos foram estatisticamente significativos em mostrar a capacidade das pessoas para descrever acontecimentos futuros, enquanto a expectativa de se conseguir isso pelo acaso é de apenas 5% — ou seja, um percentual seis vezes maior. Em razão do grande número de testes, isso resulta numa significância global maior do que 10^{20} para 1, que é como jogar setenta moedas no ar e cada uma delas cair com a cara virada para cima. Esse corpo de dados oferece fortes evidências que confirmam a possibilidade do conhecimento antecipado do futuro. Com base no meu próprio trabalho, não tenho dúvida de que nós temos contato com o futuro — o que mostra de maneira inequívoca que interpretamos mal nossa relação, que tomamos com tanta segurança como uma certeza, com a dimensão do tempo.

Como a precognição afeta o corpo?

Como podemos fazer uso dessa fluidez que experimentamos quando deslizamos para cima e para baixo na dimensão do tempo? Com base tanto nas minhas experiências pessoais como nas pesquisas com a viagem mental no tempo, acredito que podemos obter informações vindas do futuro. Eu descrevi como, em sonhos, o futuro parece influenciar o presente. Poderíamos, então, por um ato da nossa própria vontade, afetar o passado (reconhecendo, naturalmente, que não podemos mudá-lo)? Além disso, seria possível aprendermos a curar uma doença crônica quando se encontrava em seus estágios iniciais, quando ainda não constituía uma ameaça? Poderíamos enviar pensamentos de cura para o passado de alguém para ajudá-lo a ficar menos doente do que está agora?

O pesquisador William Braud e muitos outros pensam que essa é uma possibilidade que vale a pena investigar.[5] Surpreendentemente, há dados sugerindo que podemos facilitar essa cura — contanto que ninguém saiba qual é o efetivo estado de gravidade do paciente. De acordo com a "teoria observacional" do fenômeno *psi*, um diagnóstico precoce e definitivo de uma doença poderia servir para "trancá-la", tornando impossível afetá-la ou curá-la retrocausalmente. Mas, se você procurar uma agente de cura quando estiver sofrendo de sintomas vagos, não diagnosticados, ela poderia alcançar o seu passado e lhe enviar informações de cura que você seria capaz de incorporar à sua fisiologia de modo a promover sua saúde.

Há dois grupos de dados de laboratório que dão suporte a essa afirmação extraordinária. Eu os descreverei na próxima seção, mas agora quero apresentar-lhe um conceito que o ajudará a entender melhor esses estudos. Estamos todos familiarizados com a ideia de premonição, em que temos um conhecimento interior de algo que acontecerá no futuro — normalmente algo ruim! Há também uma experiência chamada de *pressentimento*, na qual experimentamos uma sensação interior — uma sensação nas entranhas — de que algo estranho está para acontecer. Eis um exemplo: ao andar pela rua, você para de súbito por se sentir "desconfortável"... bem a tempo de ver um vaso de flores precipitar-se do parapeito de uma janela e aterrissar aos seus pés, em vez de cair em sua cabeça. Esse seria um pressentimento útil.

Costumo ter esse tipo útil de pressentimento. Certa vez, numa noite de sexta-feira, eu estava calmamente preenchendo cheques na minha escrivaninha para pagar as minhas contas quando comecei a me preocupar obsessivamente sobre o que poderia acontecer se eu perdesse o meu cartão de crédito. (Eu nunca havia perdido um cartão de crédito.) O medo era tão intenso que parei o que estava fazendo, fui até o outro quarto, apanhei o cartão de crédito na minha carteira e compulsivamente anotei o número na minha agenda pessoal de telefones. No dia seguinte visitei uma grande feira que cobria vários quarteirões da University Avenue, a principal avenida de Palo Alto, e aproveitei para comprar algumas belas tigelas de cerâmica azul. Era um dia muito quente e uma loja estava vendendo cerveja gelada e canecas de chope comemorativas. Infelizmente, eu havia gastado todo o meu dinheiro. Então me dirigi ao caixa eletrônico de um banco próximo e retirei algum dinheiro para a cerveja. Agora, com as cédulas numa das mãos e um longo extrato colorido na outra, parti para comprar a cerveja e amenizar o calor. Dois dias depois, quando tentava pagar minhas compras de supermercado, levei um choque ao descobrir que meu cartão de crédito sumira da minha carteira. Depois de pensar um pouco, deduzi que provavelmente o deixara cair no caixa eletrônico quando fui à feira. Graças ao meu pressentimento, eu dispunha do número do cartão e pude ligar para a empresa administradora para solicitar um cartão novo. Essa é uma das recompensas por prestar atenção nos pressentimentos!

As respostas físicas

No laboratório, sabemos que, se mostrarmos uma imagem assustadora a uma pessoa, ocorrerá uma mudança significativa em sua fisiologia. A pressão sanguínea, os batimentos cardíacos e a resistência da pele mudarão. Essa reação do tipo lutar-ou-fugir é chamada de "resposta de orientação". O pesquisador Dean Radin, da Universidade de Nevada (agora no Institute of Noetic Sciences), mostrou que essa resposta de orientação também é observada na fisiologia de uma pessoa alguns segundos antes de ela bater os olhos na imagem assustadora.[6] Em experimentos duplo-cego balanceados, Radin demonstrou que, se os sujeitos do experimento estiverem prestes a ver cenas de sexo, violência ou agressão física, seus corpos se enrijecerão contra a surpresa, o choque ou o insulto. Mas, se os sujeitos estiverem prestes a ver a imagem de uma flor em um jardim, essa forte reação antecipatória não ocorrerá — mesmo que as imagens tenham sido aleatoriamente selecionadas! O medo é muito mais fácil de ser medido fisiologicamente do que a felicidade.

As imagens que Radin usa em seus experimentos proveem de um conjunto padronizado, quantificado de estímulos emocionais empregado em pesquisas psicológicas. Elas variam de nus na praia e pessoas esquiando montanha abaixo — no lado positivo — até acidentes de carro e cirurgias abdominais — que geralmente se considera exercerem um efeito negativo. Na faixa de figuras neutras, há imagens de copos de papel e de canetas-tinteiro. Talvez o resultado mais instigante que Radin obteve seja o fato de que quanto mais emocional for a imagem mostrada ao sujeito, maior será a magnitude da "resposta de pré-estímulo". Radin relata que essa correlação é significativa com uma probabilidade maior do que 100 para 1. O professor Dick Bierman, da Universidade de Utrecht, na Holanda, reproduziu com sucesso as descobertas de Radin, mas teve de reunir um conjunto de imagens muito mais "radicais" para conseguir estimular paranormalmente os seus mais mundanos estudantes universitários de Amsterdã.

Eu diria que esses experimentos descrevem a situação em que a percepção física direta de uma imagem produz singularmente uma resposta física singular em um momento anterior à sua ocorrência; trata-se, portanto, de uma situação em que o futuro afeta o passado. William Braud, em seu excelente novo livro *Distant Mental Influence*, descreve esses experimentos como se segue:

> Embora esse efeito do pressentimento seja normalmente considerado como evidência de precognição (conhecimento do futuro) operando em um nível corporal inconsciente, essas interessantes descobertas podem ser também interpretadas como casos nos quais acontecimentos objetivos (a própria apresentação do diapositivo ou a reação futura de uma pessoa ao diapositivo) podem estar agindo retroativamente no tempo para influenciar a fisiologia do indivíduo.[7]

Resultados ainda mais impressionantes foram obtidos pelos físicos Edwin May e James Spottiswoode, que mediram a resposta galvânica da pele de pessoas que estavam em vias de ouvir um som alto de tempos em tempos por meio de fones de ouvido. Novamente, medições tomadas de mais de cem participantes mostraram que o sistema nervoso deles parecia saber, três a cinco segundos antes, quando iria ser atingido por um estímulo desagradável. É como se o nosso "agora" fisiológico tivesse três segundos de envergadura temporal.

A evidência mais significativa para essa resposta de pré-estímulo vem do pesquisador húngaro Zoltán Vassy. Vassy administrou choques elétricos dolorosos como o estímulo que seria objeto da precognição. Seus resultados são os mais espantosos de todos porque o corpo humano não está habituado a choques elétricos. Para ilustrar esse ponto: quando participei como sujeito do experimento de Edwin May, depois de ser estimulado com ruídos altos, meu corpo percebeu que o barulho não me machucaria. Fiquei mais meditativo do que vigilante, causando um declínio na resposta de pré-estímulo. Mas um choque elétrico é sempre sentido como um estímulo novo e alarmante, mesmo que se encontre em nosso futuro.[8]

Experimentos com uma interpretação semelhante foram realizados por Helmut Schmidt na Mind Science Foundation, em Austin, no Texas. Schmidt estava examinando o comportamento de geradores eletrônicos de números aleatórios que produzem longas sequências aleatórias dos números um e zero.[9] A fonte aleatória nesses experimentos é o decaimento radioativo: elétrons oriundos de materiais radioativos fazem com que pulsos aleatórios sejam gerados por um contador Geiger. A física moderna considera esse processo quantomecânico como totalmente imprevisível e incontrolável. Mesmo assim, o volume total de evidências que Schmidt já havia acumulado mostrava que uma pessoa podia interagir mentalmente com a máquina geradora de números aleatórios a distância — isto é, podia obter mais uns ou zeros apenas prestando atenção no resultado desejado enquanto a máquina funcionava.

Em seus experimentos mais recentes e mais extraordinários, Schmidt demonstrou que, mesmo depois de a máquina ter completado sua rodada e gerado uma gravação em fita de sua produção de uns e zeros, ainda assim era possível afetar o resultado mantendo o foco da atenção na fita — contanto que ninguém tivesse visto os dados de antemão. Não acreditamos que a pessoa esteja realmente mudando os dados originais (que frequentemente é uma fita de papel perfurado). Em vez disso, Schmidt e outros acreditam que a pessoa que escuta a fita em uma ocasião posterior na verdade está remontando a um tempo anterior a fim de afetar a máquina na ocasião em que sua operação gerou a fita.

Schmidt demonstrou que até mesmo a taxa de respiração pré-gravada, mas não observada, dos voluntários do laboratório em um dia anterior podia ser afetada (acelerada ou desacelerada) pela atividade mental de uma pessoa que escutasse a gravação posteriormente![10]

Esses dois experimentos sugerem que um agente de cura pode, de maneira semelhante, voltar no tempo o suficiente para afetar a fisiologia do paciente (ou até mesmo sua própria fisiologia) num ponto decisivo anterior, quando um resultado de cura ainda poderia ser obtido. Reconhecendo a natureza não local do nosso universo, William Braud recentemente conjecturou, em um artigo publicado em *Alternative Therapies in Health and Medicine* [Terapias Alternativas na Saúde e na Medicina], que as nossas intenções de cura podem alcançar seus objetivos remontando no tempo de modo a afetar os "momentos seminais" cruciais em caminhos alternativos futuros do desenvolvimento da doença. Braud sugere que esses momentos iniciais podem oferecer possibilidades mais instáveis — e portanto mais suscetíveis — de mudança na cura a distância.[11]

Essa ideia de causação retroativa se parece com a experiência dos sonhos precognitivos descrita anteriormente, na qual um sonho ocorrido durante a noite é aparentemente "causado" pela experiência confirmatória que em geral se tem no dia seguinte. A física moderna parece indicar que vivemos em uma teia de espaço e tempo, na qual tanto o futuro como o passado são rebocados pelo presente. Nós ainda não sabemos que tipo de fisiologia é mais receptivo a esse tipo de tratamento ou até quando no passado o agente de cura pode alcançar. Essas são perguntas instigantes que permanecem sem resposta. Examinarei mais detalhadamente, no Capítulo 6, a cura a distância e os conceitos a ela relacionados.

A VISÃO REMOTA ASSOCIATIVA

Como mencionei no Capítulo 2, em 1982 eu fazia parte de um grupo de paranormais e investidores que queriam saber se era possível usar o funcionamento paranormal para ganhar dinheiro na bolsa de valores. A equipe consistia de um experiente vidente remoto, um investidor entusiasta, um empresário, um aventuroso corretor de valores e eu como entrevistador. Nós nos autodenominamos Delphi Associates. Já sabíamos que ler números e letras paranormalmente é uma tarefa excepcionalmente difícil. Portanto, não poderíamos prever os preços de mercado da prata simplesmente pedindo ao nosso paranormal para ler os símbolos no grande painel existente na New York Commodity Exchange uma semana no futuro. Em vez disso, usamos um protocolo de procedimentos descrito pela primeira vez pelo pesquisador de fenômenos paranormais e arqueólogo Stephen Schwartz.

Nesse esquema, nós associamos um objeto diferente a cada uma das possíveis situações em que o mercado da prata poderia estar na semana seguinte. Queríamos saber com uma semana de antecedência se o preço da mercadoria chamada "prata de dezembro" estaria "um pouco mais alto" (menos de 25 centavos de dólar ou estável), "muito alto" (mais de um quarto de dólar), "um pouco mais baixo" ou "muito baixo". Essas são quatro condições distintas que poderiam, por exemplo, ser representadas por uma lâmpada, uma flor, um livro, uma pedra, ou um bichinho de pelúcia. Na primeira semana de testes, pedimos ao nosso empresário para escolher quatro objetos bem diferentes e associar cada um deles a cada uma das quatro possíveis condições. Somente ele sabia quais eram os objetos. Eu então entrevistava o vidente remoto pelo telefone e pedia-lhe que descrevesse suas impressões acerca do objeto que lhe mostraríamos na semana seguinte. O corretor em seguida comprava ou vendia contratos futuros de prata baseado inteiramente no que o vidente viu, fosse uma flor, um urso de pelúcia ou qualquer outra coisa. Esse seria o objeto associado às condições do mercado na semana seguinte, razão pela qual chamamos esse procedimento de visão remota "associativa". No fim da semana, quando a prata finalmente fechava, nós liquidávamos nossa posição e mostrávamos para o vidente o objeto correspondente ao que o mercado realmente fez. As nossas nove previsões no outono de 1982 estavam todas corretas e ganhamos mais de 100.000 dólares, que dividimos com o nosso investidor. Nós aparecemos na primeira página do *Wall Street Journal* e *NOVA* fez um documentário a nosso respeito intitulado "A Case of ESP" (Um Caso de PES).[12]

No ano seguinte, não obtivemos o mesmo sucesso. Nosso investidor queria realizar dois testes por semana, o que confundiu e apressou significativamente o nosso protocolo — especialmente a realimentação para o vidente, que tinha importância crucial. Também acredito que perdemos o nosso "foco espiritual", que, no que se refere à primeira série, era pelo menos parcialmente voltado para fins científicos. Na segunda série, estávamos definitivamente prontos para quebrar a banca; uma intensa cobiça ingressara em nossos planos. Cada um dos participantes tem a sua própria visão sobre o motivo pelo qual não conseguimos repetir nosso impressionante sucesso inicial.

Desde então, Jane Katra e eu conduzimos pessoalmente muitas séries de testes nos quais as pessoas descreviam e vivenciavam acontecimentos que somente teriam lugar dentro de dois ou três dias no futuro. Um desses testes foi realizado na sala de estar da minha casa em 1995, com a ajuda de dois amigos. Essa série, realizada por sugestão do nosso editor, foi uma experiência precognitiva formal para prever mudanças no valor de mercado da prata (para cima ou para baixo), na qual obtivemos sucesso em onze de doze pregões.[13] Utilizamos novamente a visão remota associativa com pequenos objetos a serem revelados mais tarde, embora nenhum dinheiro estivesse envolvido nesse experimento. Nós, portanto, não temos dúvidas de que o canal precognitivo está disponível para praticamente qualquer pessoa.

Sabemos, com base em dados experimentais das pesquisas sobre fenômenos *psi*, que um vidente no laboratório pode concentrar a atenção em qualquer lugar do planeta e, em cerca de dois terços das vezes, descrever o que está ali. Também sabemos que esse mesmo vidente não está limitado ao tempo presente. Como eu disse antes, quando falei sobre a física contemporânea, chamamos essa capacidade de focalizar a atenção em pontos distantes no espaço-tempo de percepção "não local". Com base nos dados acumulados nos últimos trinta anos, acredito que um vidente com experiência pode responder a qualquer pergunta que tenha uma resposta — sobre acontecimentos no passado, no presente ou no futuro.

O físico David Bohm afirma que nós entendemos muito incorretamente a ilusão de separação no espaço e no tempo. Em seu livro de física *The Undivided Universe*, ele tenta desfazer essa ilusão à medida que escreve sobre a interconexão quântica de todas as coisas.[14] Como se expressa Norman Friedman: "É como se os eventos não acontecessem [no tempo], eles apenas existem."[15] Emerson e Thoreau, bem como muitos transcendentalistas depois deles, chamaram essa interconexão de *sobrealma* (*oversoul*) ou comunidade de espíritos. Com base no que já relatamos, deve ter ficado evidente que as nossas conexões pessoais com essa comunidade espiritual não local apresentam muitas das propriedades oniscientes e onipresentes que as pessoas com frequência associam a uma experiência de Deus.

A precognição no laboratório

Independentemente das convicções religiosas, os parapsicólogos tentam, há muitos anos, encontrar maneiras de estimular os seus sujeitos a demonstrar vislumbres paranormais do futuro. Anteriormente neste capítulo, eu mencionei a grande análise retrospectiva feita por Charles Honorton e Diane Ferrari de 309 experimentos sobre precognição realizados ao longo de cinquenta anos — entre 1935 e 1987. Tratava-se de experimentos de escolha forçada, em que os sujeitos tinham de escolher qual dos quatro botões coloridos seria iluminado logo após sua escolha, ou qual entre cinco cartas lhes seria mostrada mais tarde. Em todos esses casos, algum tipo de gerador de números aleatórios selecionaria os alvos em relação aos quais os pesquisadores eram "cegos". Os participantes tinham de adivinhar o que lhes seria mostrado no futuro entre alternativas conhecidas. Em alguns casos, tinham de escolher que alvo seria aleatoriamente escolhido no futuro, sem qualquer tipo de realimentação sobre qual seria o alvo correto.

Há dois tipos de informação importante para nós nesse estudo. Vemos que há uma evidência esmagadora da existência da precognição; porém, ainda mais importante que isso, aprendemos que há maneiras mais bem-sucedidas e menos bem-sucedidas de se realizar experimentos. Foram identificados quatro fatores que se correlacionam de maneira significativa com o sucesso ou o fracasso nesses experimentos. É importante manter em mente esses fatores, que discutiremos a seguir, se você quiser que os seus próprios experimentos tenham sucesso.

Obtém-se muito mais sucesso em experimentos realizados com sujeitos experientes e interessados nos resultados do que com pessoas inexperientes e desinteressadas. Por exemplo, realizar experimentos de PES com uma classe inteira de alunos moderadamente entediados raramente mostrará algum tipo de sucesso. Participantes entusiasmados com o experimento são os que obtêm mais sucesso nesses estudos de precognição. A diferença entre os índices de acerto para esses dois tipos de testes — com sujeitos experientes e inexperientes — foi significativa em comparação com o acaso na proporção de 1.000 para 1.

Os testes que empregavam sujeitos individuais tinham um sucesso muito maior do que os experimentos com grupos. Além disso, era importante para o sucesso que os testes interessassem de maneira significativa cada um dos participantes. O nível de sucesso obtido comparando-se indivíduos com grupos foi estatisticamente significativo na proporção de 30 para 1 em relação ao acaso.

Eu sempre senti que a realimentação é um dos canais mais úteis em todo o funcionamento *psi*. Na precognição, descobrimos que a experiência do vidente quando o alvo lhe era mostrado em um tempo posterior frequentemente constituía a fonte da percepção precognitiva. Não obstante, estudos conduzidos por Gertrude Schmeidler no City College de Nova York mostraram uma taxa significativa de precognição entre estudantes universitários em testes de escolha forçada com alvos gerados por computadores, mesmo quando os videntes não haviam recebido nenhuma realimentação.[16]

Em um workshop de uma semana com pesquisadores de PES, Elisabeth Targ e eu realizamos um estudo formal no belo Instituto Esalen, em Big Sur, Califórnia, para examinar a questão da realimentação. Em um experimento balanceado, pediu-se a duas experientes videntes, Hella Hammid e Marylin Schlitz, que descrevessem a imagem que estava sendo exibida na parede do compartimento vizinho. Na metade do tempo, elas tiveram permissão de ver a imagem-alvo depois do teste. Mesmo nos casos sem realimentação, a presença da visão remota numa taxa estatisticamente significativa foi comprovada. Os árbitros para essas doze tentativas também estavam cegos em relação às imagens mostradas em uma sessão específica. Assim sendo, concluímos que a realimentação é útil, mas não tem importância crucial, principalmente para os videntes experientes.[17]

Por fim, os dados mostram que quanto mais cedo os participantes recebem a sua realimentação, maior é o nível de acerto. Ou seja, tudo indica que, para alvos de escolha forçada, é mais fácil prever um futuro imediato do que um futuro distante. Em experimentos de laboratório, os sujeitos se saíram muito bem na previsão de acontecimentos segundos ou minutos à frente, mas seu desempenho piorou quando se tratava de previsões de acontecimentos horas ou dias no futuro. Pelo que parece, esse também é o caso da precognição que ocorre naturalmente (como em sonhos). Por outro lado, também é possível que as pessoas tendam a esquecer os sonhos sobre eventos que ocorrerão no futuro distante antes de eles terem a probabilidade de comprovação.

Portanto, os quatro fatores importantes nesses estudos são:

1. Sujeitos com prática *versus* sujeitos inexperientes
2. Testes com indivíduos *versus* testes com grupos
3. Com realimentação *versus* sem realimentação
4. Pequeno intervalo entre a geração do alvo e a resposta do sujeito

Em toda a base de dados da análise de Honorton-Ferrari, vê-se que em alguns experimentos todos os quatro fatores eram favoráveis e, em alguns outros, todos eram desfavoráveis. Depois de tudo dito e feito, uma maioria de 87,5% dos estudos de fenômenos *psi* realizados sob condições favoráveis teve sucesso e significância estatística, enquanto nenhum dos estudos feitos com todas as condições desfavoráveis foram estatisticamente significativos. Como agora conduzimos rotineiramente os experimentos sob condições favoráveis, creio ser possível afirmar que aprendemos alguma coisa sobre os fenômenos *psi* nos últimos cinquenta anos.

Na verdade, aprendemos muito. Sabemos, por exemplo, que os testes de PES de escolha forçada são uma maneira ineficiente de promover o funcionamento *psi*: eles têm sempre um peso adicional de tédio e ruído mental (AOL*). Nos estudos acima, os experimentadores tinham de realizar 3.600 testes em média para atingir resultados estatisticamente significativos. Com as experiências do tipo resposta livre, como a visão remota, geralmente precisamos fazer apenas de seis a nove tentativas.

Como mencionei no Capítulo 1, os pesquisadores Robert Jahn e Brenda Dunne realizaram na Universidade de Princeton um total de 411 testes de visão remota publicados ao longo de um período de 25 anos.[18] Eles mostraram conclusivamente que a precisão e a confiabilidade da visão remota não diminuem com o aumento da distância do vidente, nem com o aumento do tempo no futuro — uma contribuição importante. Também constataram que seus índices de sucesso declinavam ao longo dos anos, à medida que eles e os aplicadores dos testes, bem como os videntes, prestavam mais atenção nos índices de acertos, na avaliação analítica e nos esquemas de conferência, e menos atenção no processo dos videntes e em sua realimentação. (Mais adiante voltaremos a falar sobre o trabalho de Princeton.) Tal declínio não ocorreu no ainda mais volumoso banco de dados do SRI que se estendeu ao longo do mesmo período de tempo.

Em uma série de experimentos imaginativos realizados em meados da década de 1970 envolvendo sonhos precognitivos, Stanley Krippner, Montague Ullman e Charles Honorton descobriram que apenas oito testes eram necessários para mostrar os efeitos da precognição.[19] Os pesquisadores do Maimonides Dream Laboratory, no Brooklyn, Nova York, trabalharam com Malcolm Besant, um bem-sucedido médium inglês (possivelmente relacionado com Annie Besant, uma das fundadoras da Sociedade Teosófica). Em duas séries formais de oito testes cada, foi pedido a Malcolm que sonhasse no laboratório sobre os acontecimentos que iria experimentar na manhã seguinte. Várias dezenas dessas possíveis experiências-do-dia-seguinte haviam sido previamente planejadas pelo pessoal do laboratório encarregado da criação e transpostas para fichas de arquivo. Depois de adormecer, Malcolm era despertado de tempos em tempos durante a noite quando

*Abreviatura de *analytical overlay*, sobreposição analítica. (N. R.)

seu EEG (eletroencefalograma) revelava, pela manifestação de movimentos rápidos dos olhos (sono REM), que ele estava sonhando. Seus relatos dos sonhos foram todos gravados em fita. Na manhã seguinte, outra equipe do laboratório usava um gerador de números aleatórios para escolher uma das fichas de experiências. Malcolm era então guiado por meio dessa experiência. Em um caso típico, Malcolm sonhou que se encontrava em um quarto branco, frio, com pequenos objetos azuis enquanto experimentava a sensação de ficar enregelado. Quando acordou, os encarregados do experimento o levaram para outro quarto, onde despejaram cubos de gelo na sua camisa enquanto dois ventiladores elétricos azuis sopravam ar frio sobre ele. Com certeza, parece que os cubos de gelo na manhã seguinte provocaram o frio experimentado durante o sonho na noite anterior.

Nos meus experimentos com Hal Puthoff no SRI, a primeira causa da precognição surgiu espontaneamente durante uma sessão em 1974. Eu estava sentado com Pat Price em nossa pequena sala blindada no segundo andar do prédio da Radio Physics, prestes a iniciar um dos experimentos da série formal descrita no Capítulo 2. Usando um gravador de fita, eu havia descrito quem éramos e o que estávamos fazendo, e Pat e eu conversávamos sobre a experiência em andamento. Nosso diretor de laboratório, Bart Cox, era o selecionador de alvos porque queria ter o experimento sob seu completo controle pessoal. Ele resolveu dirigir o carro para fora do terreno do SRI e virá-lo aleatoriamente nas travessas até achar que havia chegado a um local-alvo aceitável. Hal acompanhou Bart nessa condução randômica. Enquanto isso, Pat me explicou que na realidade não tínhamos de esperar pela escolha do alvo por Bart. Pat poderia apenas olhar "na linha do tempo" e ver onde Bart e Hal estariam em meia hora! A descrição de Pat na fita gravada foi:

> O que estou visualizando é um pequeno píer ou uma pequena doca ao longo da baía — naquela direção (ele apontou na direção correta). É, eu vejo barcos pequenos, algumas lanchas a motor, alguns pequenos veleiros com todas as velas amarradas aos mastros, alguns com os mastros recolhidos, outros com os mastros erguidos. Um pequeno píer ou uma

> doca ali. Engraçado — isso acabou de surgir como um lampejo na minha mente — alguma coisa com a aparência de pagode chinês ou japonês. É nitidamente a sensação de algo de arquitetura oriental que parece estar muito próximo de onde eles se encontram.[20]

Pat completou sua descrição quinze minutos antes de os viajantes chegarem ao seu destino. Cerca de meia hora mais tarde, Bart e Hal retornaram ao SRI para ver o que Pat tinha a dizer. O que se verificou é que todos nós tínhamos muito a dizer, porque os dois se haviam dirigido para Redwood City Marina — porto e doca a aproximadamente seis quilômetros e meio ao norte do SRI. A marina vive repleta de veleiros de pequeno e médio porte e fica bem ao lado de um restaurante com um telhado inclinado e curvo que realmente se assemelha muito a um edifício asiático. Pat teve uma experiência precognitiva completa da marina, incluindo uma conversa sobre o quanto lhe agradara o aroma da brisa marinha, antes mesmo de o alvo ter sido escolhido!

No ano seguinte, em 1975, conduzimos uma série de quatro testes intencionalmente precognitivos com Hella Hammid. Do mesmo modo como o experimento com Pat Price, cada teste envolvia uma dupla de pessoas dirigindo um veículo para um lugar não predeterminado, que Hella descrevia antes de elas chegarem lá. Cada uma de suas quatro descrições de visão remota correspondia corretamente, já na primeira tentativa, ao seu respectivo alvo — um desvio significativo com relação à possibilidade de que o resultado fosse apenas obra do acaso.[21] Um desses testes foi especialmente impressionante para mim. Ainda me lembro de estar sentado ao seu lado enquanto ela descrevia um local com "árvores e arbustos bem cuidados e um jardim planejado, com linhas geométricas e simétricas". Hella prosseguiu descrevendo um caminho que levava a uma varanda e degraus. Depois de os "viajantes" terem voltado de seus locais-alvos, Hella e eu nos juntamos a eles para uma realimentação, numa visita de retorno ao local por eles escolhido. Foi uma extraordinária experiência de *déjà vu* ouvir na fita de gravação a descrição de Hella dos jardins do hospital da Universidade de Stanford à medida que andávamos por suas alamedas.

Einstein acreditava em um "universo em bloco" quadridimensional de espaço e tempo relativísticos, no qual seguimos uma *linha de universo* — a linha do tempo da nossa vida — que já está congelada no espaço. É o mesmo que dizer que o futuro não está escolhido, mas simplesmente aparece — sem escolha e predeterminado na nossa consciência. O eminente físico francês Olivier Costa de Beauregard, que nutre um profundo interesse pelo fenômeno *psi*, escreveu sobre o nosso deslizar determinista ao longo dessa linha do tempo. Segundo ele:

> Os seres humanos e outras criaturas vivas... são compelidos a explorar, pouco a pouco, o conteúdo da quarta dimensão, à medida que cada um percorre, sem parar ou se voltar para trás, uma trajetória temporal no espaço-tempo.[22]

O igualmente eminente Niels Bohr tem uma visão mais otimista. De acordo com a sua imagem, nós não somos nem livres nem não livres. Em sua abordagem complementar da mecânica quântica, ele é citado por de Beauregard afirmando:

> Da mesma maneira que a liberdade da vontade é uma categoria experimental da nossa vida psíquica, a causalidade pode ser chamada de um modo de percepção pelo qual nós pomos em ordem as nossas percepções dos sentidos.[23]

Eu creio que a percepção precognitiva desempenha um papel ativo na nossa capacidade de fazer escolhas, tanto consciente como inconscientemente. Informada pelo nosso conhecimento paranormal do futuro, ela nos permite abandonar o plano fatalista do determinismo mecânico, oferecendo-nos informações para nos tornar livres.

Uma das perguntas recorrentes nas pesquisas sobre precognição diz respeito à fonte das imagens mentais que o vidente experimenta. As imagens vêm diretamente do alvo ou de uma realimentação futura? Um claro exemplo desse tipo de fenômeno é descrito no maravilhoso livro *An Experiment with Time*, escrito pelo engenheiro inglês J. W. Dunne.[24] O livro de Dunne, publicado pela primeira vez em 1927, é um tesouro de dados precognitivos. Num dos numerosos exemplos dos seus sonhos precognitivos, ele relatou que teve a impressão nítida de uma erupção vulcânica em que 4.000 pessoas teriam morrido. Na manhã seguinte, Dunne leu no jornal exatamente a notícia daquele acontecimento, incluindo um relato sobre 4.000 vítimas fatais. Foi apenas bem depois, quando preparava seu livro para a publicação, ao ler novamente o artigo ele descobriu que o número referido era de 40.000 mortes, e não 4.000, como pensara ter lido no jornal. Como veio a saber depois, o número de vidas perdidas na erupção era na verdade diferente de ambos os números; seu sonho de um número específico aparentemente veio de sua precognição da leitura errada do jornal.

Como observei antes neste capítulo, a mais abrangente pesquisa de laboratório sobre precognição foi realizada por Robert Jahn, Brenda

Dunne e Roger Nelson na Universidade de Princeton.[25] Eles conduziram 227 experimentos formais em que se pedia a um vidente para que descrevesse onde um dos pesquisadores estaria escondido em algum momento mais tarde, a ser pré-selecionado, nas cercanias de Princeton ou em qualquer lugar do país. Constataram, para sua grande surpresa, que a precisão da descrição era a mesma quer o vidente estenda o seu olhar paranormal algumas horas ou dias no futuro. A significância estatística dos experimentos combinados desviou-se do acaso por uma probabilidade de 10^{-11}, ou uma em cem bilhões! Suas descobertas são tão decisivas que é difícil ler sobre os trabalhos que eles fizeram e não se convencer da realidade da precognição, mesmo que não entendamos seu funcionamento.

De volta para o futuro

Uma das minhas grandes paixões ao longo dos anos tem sido dedicar-me às questões da precognição e dos futuros prováveis. A mais importante questão em aberto é a de saber se um vidente remoto vê o futuro real ou o futuro provável. Isto é, o vidente vê o que é provável que aconteça ou o que de fato ocorrerá? Elisabeth Targ e eu realizamos um experimento para tentar responder a essa pergunta.[26]

Elisabeth criou um experimento engenhoso com doze testes precognitivos. Para cada teste, havia um *pool* de seis objetos-alvos possíveis, para serem escolhidos por um gerador de números aleatórios eletrônico que produzia números de 0 a 9. Um objeto em particular seria o alvo se o gerador produzisse um número qualquer de 0 a 4, de maneira que o objeto teria uma probabilidade de 50% de ser escolhido. Cada um dos outros cinco objetos seria escolhido se o seu número — 5, 6, 7, 8 ou 9 — surgisse. Portanto, cada um desses últimos cinco objetos teria a probabilidade de um em dez de ser escolhido. A tarefa do vidente, como sempre, era a de descrever o objeto que se revelaria no fim de cada teste. A questão colocada pelo experimento era se a presença de um alvo 50% provável interferiria na capacidade do vidente para descrever corretamente um objeto 10% provável quando esse era escolhido pelo gerador de números aleatórios. Descobrimos que não havia tal interferência. Os videntes viram o futuro realizado e o escolhido, não o futuro provável. Portanto, de um ponto de vista paranormal, o que se vê é o que se vai obter (a não ser que se altere esse futuro utilizando os dados obtidos pela via paranormal).

Um exemplo de tal futuro provável vem de uma pesquisa aplicada de visão remota que realizamos em 1976. Um de nossos clientes do governo nos pediu que descrevêssemos paranormalmente o que estaria ocorrendo em um conjunto específico de coordenadas geográficas (latitude e longitude) quatro dias no futuro. Ingo Swann era o vidente. Ingo disse ter visto uma cena muito colorida e nos pediu lápis de cor para colorir seu croqui. O que ele desenhou nos pareceu uma grande fonte colorida. Afirmou que se tratava de um tipo de exibição pirotécnica. O alvo real, soubemos três semanas mais tarde, era o próximo teste da bomba atômica chinesa. O que um especialista inteligente poderia discernir no desenho de Ingo na época era que o teste provavelmente falhou (ou iria falhar). Isso ficava evidente porque a combustão do urânio não cria uma explosão, mas uma fonte pirotécnica de fogo e faíscas coloridas. A questão atual é: "Os chineses poderiam ter resolvido o problema antecipadamente se lhes tivéssemos fornecido a informação precognitiva de Ingo antes dos testes? Ingo estava vendo o futuro provável ou o futuro real?"

O QUE SIGNIFICA SER ATEMPORAL

Sabemos agora que a nossa percepção atemporal tem uma mobilidade que independe do corpo físico. São muito fortes as evidências de que a percepção, que é aquilo que nós somos, pode receber um influxo de informações vindas de todo o espaço-tempo e pode gerar um fluxo de intenção de cura para o presente, o futuro e o passado. Isso tudo acontece porque o espaço-tempo é não local e não existe nenhuma separação na consciência. Os Vedas hinduístas, escritos ainda antes da época de Buda, ensinam que a consciência é o terreno de todo o ser. Ou seja, a consciência precede a vida, e é independente dela como nós a conhecemos.

Um estudioso inglês do século XIX, F. W. H. Myers, passou grande parte da sua vida investigando evidências mediúnicas para a sobrevivência da personalidade humana depois da morte. Seu grande livro

Human Personality and Its Survival of Bodily Death,[27] fornece muitos exemplos de comunicação com espíritos que se parecem surpreendentemente com ligações telefônicas a longa distância dos mortos. Apesar disso, ele sentiu que a única maneira de se ter certeza de que uma comunicação espiritual vinha diretamente do espírito de alguém ou de sua percepção que houvesse sobrevivido à morte física, em vez da clarividência do médium em relação a uma informação do momento presente, seria o espírito comunicar informações de que o médium não poderia ter conhecimento, nem mesmo de maneira paranormal.

Depois de morrer, Myers realizou esta experiência *post mortem*: o falecido Myers aparentemente enviou mensagens fragmentárias independentes para três médiuns muito conhecidos na época e que viviam em locais separados um do outro por distâncias muito longas — na Inglaterra, na Índia e nos Estados Unidos. As mensagens só fizeram sentido quando seus fragmentos foram combinados e analisados na Society for Psychical Research em Londres. Essas célebres comunicações são conhecidas como os "casos de correspondências cruzadas" — que são como três peças de um quebra-cabeça que mostram uma imagem que só se pode identificar quando as três peças são reunidas. Muitas dessas transmissões complexas vieram do conhecimento que Myers tinha da poesia e do teatro clássicos da Grécia e de Roma. Um exame detalhado e cuidadoso dos casos de correspondências cruzadas é apresentado por Harold Francis Saltmarsh em seu livro *The Future and Beyond*.[28]

Outro aspecto dessas comunicações que interessava a Myers era a *xenoglossia*, em que o médium traz uma mensagem de pessoa falecida e a comunica em uma língua estrangeira à qual nunca fora exposto. Eu tive uma experiência de um caso assim uma semana depois que a minha filha Elisabeth morreu, em 2002, quando seu marido Mark recebeu uma carta de uma mulher de Seattle. Essa mulher — uma das agentes de cura espiritual que participavam do bem-sucedido experimento de Elisabeth com prece a distância — sonhou, poucos dias depois da morte de Elisabeth, que minha filha a procurou com uma mensagem urgente para Mark, mas ela não conseguiu entender nada. Pensou que a mensagem consistia de sílabas sem sentido. Elisabeth continuou a repeti-las de modo ininterrupto e então acordou a mulher para que ela pudesse escrevê-las foneticamente.

Quando Mark abriu a carta, viu a mensagem: duas linhas de letras inglesas, cada linha arranjada em quatro grupos de três letras — como um código. Enquanto ele tentava ler a mensagem, reconheci o primeiro grupo de sílabas como as palavras russas para "eu te amo". Não reconheci o segundo grupo, mas uma pessoa que nascera na Rússia e falava o idioma nos informou que se tratava de uma expressão idiomática que significava "eu adoro você". A mulher de Seattle afirma não saber russo, nem ser do seu conhecimento que tenha sido exposta alguma vez a essa ou a qualquer outra linguagem que não fosse o inglês. Elisabeth era uma tradutora e, claro, fluente em russo. Nós acreditamos que esse é exatamente o tipo de mensagem que enviaria para deixar claro que ela ainda estava presente em algum lugar.

Na noite seguinte, nós três estávamos sentados no pátio da minha casa, junto ao parapeito, contemplando a baía de San Francisco e observando os aviões voarem por sob a lua crescente em seu caminho rumo ao aeroporto. A casa estava às escuras, mas eu deixara as luzes da sala de entrada acesas. Quando discutíamos a misteriosa carta do dia anterior, essas luzes, na casa quase completamente escura, piscaram dramaticamente uma vez e mais outra. Como essas eram as únicas luzes acesas, todos nós percebemos o ocorrido. Quando nos perguntamos em voz alta se poderia ser um sinal de Elisabeth, as luzes piscaram mais duas vezes. Nós estávamos sentados do lado de fora do quarto onde Elisabeth falecera na semana anterior e permanecemos todos em silêncio, dominados pelo assombro. Não havia nenhum problema elétrico conhecido e gosto de acreditar que ela ainda está tentando manter-nos em contato com a verdade, da mesma maneira que Myers um século antes. O psiquiatra Daniel Benor relata que mais de dois terços de todas as pessoas passaram pela experiência de ver uma aparição de entes queridos já falecidos.[29]

No Capítulo 5, eu me aventurarei no diagnóstico médico intuitivo — um aspecto mais analítico, mas também mais intuitivo, da visão remota. Para alguns, como eu mesmo, esse processo é até mais fácil do que a visão remota de sistemas não vivos. Os pesquisadores têm escrito livros sobre esse assunto desde a década de 1950; nós agora sabemos um pouco mais sobre como e por que ele funciona.

Capítulo 5

Diagnose médica intuitiva

Coisas para fazer antes que o médico chegue

A diagnose médica intuitiva é mais analítica e menos intuitiva do que a maior parte da cura a distância. Por exemplo, o agente de cura espiritual não precisa — e frequentemente não quer — conhecer a natureza da doença do paciente distante. Seu interesse é aliviar a dor e atingir coerência e completude, como que fornecendo um molde terapêutico para o bem-estar. É um tipo de modelo platônico em que o agente de cura dá suporte à homeostase do corpo para o equilíbrio do sistema imunológico. Porém, a fim de ser realmente útil a pessoa que faz a diagnose psíquica deve ser capaz de identificar e nomear o sistema do corpo que está em desequilíbrio. O diagnosticador intuitivo deve também ser capaz de identificar as causas físicas e psicológicas subjacentes do problema — sejam elas stress, ferimentos ou algum trauma esquecido.

Até um cientista pode fazer isso

No Capítulo 2, ressaltei o fato de que as funções analíticas, como por exemplo atribuir nomes às coisas, implicam uma descrição paranormal com menor probabilidade de estar correta. Isso se aplica à percepção de um objeto oculto no interior de uma sacola ou caixa, mas não parece aplicar-se ao diagnóstico intuitivo. Aparentemente, se conhecer os nomes dos sistemas do corpo, você estará mais capacitado para identificá-los em uma leitura médica.

Na década de 1970, dois programas populares de treinamento — Controle da Mente Silva (*Silva Mind Control*) e Seminários de Treinamento Erhard (Erhard Seminars Training — EST) — fizeram todos os seus estudantes executarem leituras intuitivas como parte dos trabalhos de conclusão de curso. Pedia-se aos participantes que relatassem as características físicas e o comportamento de uma pessoa desconhecida em uma ficha guardada dentro de um envelope que ficava sob a guarda de outro estudante ou de alguém já formado. Mesmo os alunos que opunham mais resistência foram capazes de mostrar um desempenho surpreendentemente bom.

Eu sou um bem-sucedido professor de visão remota e um vidente moderadamente habilidoso (embora não tão bom quanto os *superstars* paranormais descritos anteriormente). No ano passado, investiguei a diagnose intuitiva, que me pareceu muito mais fácil do que a visão remota comum de um objeto escondido. Essa faculdade poderia vir do fato de que estou olhando para um sistema vivo, cujo nome eu conheço e com o qual eu posso obter uma ressonância melhor do que se fosse um ursinho de pelúcia escondido dentro de uma caixa. Meu sucesso também pode provir do fato de que a diagnose é uma tarefa inerentemente mais significativa do que a identificação de objetos e lugares. Ninguém parece saber com certeza, mas todos os intuitivos da área médica com quem conversei concordam com essa última observação.

A diagnose paranormal de uma doença é semelhante à visão remota no sentido de que a distância física entre o paciente e o diagnosticador não afeta a precisão do diagnóstico. Essa distância pode até ser benéfica, porque evita que o intuitivo seja bombardeado pelo ruído analítico (chamado de "carga frontal" nos círculos de visão remota) que acompanha o estímulo sensorial. Neste capítulo, descreverei as abordagens da diagnose paranormal que parecem funcionar para outros, bem como aquelas que funcionam melhor para mim.

O sensitivo mais famoso da América do Norte

Edgar Cayce fez diagnósticos a distância, sugeriu tratamentos e efetuou "leituras de personalidade" (chamadas leituras de vida) durante mais de trinta anos. Cayce nasceu em 1877 e morreu em 1943. É mais conhecido por suas mais de 14.000 leituras clarividentes, das quais 9.400 lidavam com problemas de saúde. Cayce é talvez igualmente famoso por suas profecias e leituras de vidas passadas.[1] Para se preparar para leituras clarividentes, ele se deitava num divã, fechava os olhos e mergulhava num transe hipnótico autoinduzido. Depois ouvia o nome e o endereço de uma pessoa distante e lentamente, em transe, especificava o sistema ou órgão do corpo do consulente afetado pela doença. Então em geral sugeria um medicamento. A psicóloga Gina Cerminara passou um ano estudando os documentos de Cayce em sua fundação, The Association for Research and Enlightenment (ARE), em Virginia Beach, Virgínia. Em seu livro *Many Mansions*, ela descreve numerosos casos espantosos em que Cayce descreveu a doença exata ou a área afetada — coração, fígado, vesícula biliar, etc. — de um enfermo distante e prescreveu um tratamento à base de ervas que foi posteriormente relatado como inteiramente eficaz.[2]

Cayce se considerava, quando em transe, um canal de consciência superior. Acreditava que obtinha informações do depósito de informações universais, conhecido na antiga filosofia oriental como registro *akáshico*. Hoje podemos afirmar que, em nosso universo não local, todas as informações — passadas, presentes e futuras — estão disponíveis a uma percepção aberta e expandida. Cayce declarou que suas informações vinham a ele de uma percepção sensorial superior — uma experiência que ele compartilha com Barbara Brennan, profissional contemporânea de cura energética (cujo trabalho discutirei mais tarde). Cayce adotou uma abordagem holística — ou sistêmica — da saúde e da doença. Suas leituras enfocavam a inter-relação dos fatores ambientais, mentais e físicos de uma pessoa. Foi um dos primeiros a afirmar que a "inteligência" do coração e a do estômago (o cérebro entérico) afeta o desenvolvimento das doenças. Sugeriu, por exemplo, que chocolate, vinho e queijo podem provocar enxaqueca em pessoas suscetíveis em razão das propriedades vibracionais desses alimentos. (Hoje podemos dizer que isso ocorre porque os três são ricos em inibidores da monoamina oxidase —(IMAO), que interferem na ação neurologicamente protetora da monoamina oxidase do próprio corpo.)

Cayce recebia centenas de pedidos de cura por semana e chegou a fazer seis leituras por dia. Como seu interesse como agente de cura era ajudar os doentes, minorando seu sofrimento, em geral não havia acompanhamento para verificar a eficácia do diagnóstico ou dos tratamentos recomendados. Embora a ARE tenha essas 9.400 leituras disponíveis em um CD, lamento dizer que esse material ainda aguarda uma avaliação sistemática e mais aprofundada.[3]

Os sistemas de energia do corpo

A dra. Judith Orloff é psiquiatra e também conta com uma vida inteira de experiência em funcionamento psíquico. Quando criança, ela sentia quando as pessoas estavam doentes ou perto de morrer. Depois de concluir o curso de medicina e a residência na UCLA Medical School, ela trabalhou ocasionalmente como vidente remota e parceira de pesquisa de Stephen Schwartz, na Mobius Society, em Los Angeles. Judith consegue aliar seu dom natural de sentir as energias vibracionais psíquicas à sua experiência como vidente remota, enriquecendo assim sua formação como médica com uma significativa parcela de psiquiatria paranormal ou intuitiva. Ela descreve suas aventuras, desde sua infância visionária até sua vida atual como psiquiatra de Beverly Hills, em seu cativante livro *Second Sight*.[4] Judith também nos conta sobre sua extremamente bem-sucedida visão remota de alvos distantes.

Eu lhe sou grato por relatar suas experiências no mundo da percepção de energia vibracional, uma capacidade de que ainda não partilho. Quando se senta à escrivaninha do seu consultório, ela consegue integrar o que o paciente diz com sua própria percepção ou experiência direta da energia do corpo dele. Em seu novo livro, *Intuitive Healing*, Judith convida seus alunos a visualizar o próprio corpo em função dos centros tradicionais de energia conhecidos como chakras.[5] Esses centros emocionais foram descritos durante milênios na tradição hinduísta como os sete vórtices de energia individual, localizados em diferentes níveis que vão desde a base da espinha até o topo da cabeça. Muitos dos famosos intuitivos médicos — mas não todos — vivenciam o corpo de acordo com esses centros. Edgar Cayce, por exemplo, não o fazia.

Meu primeiro contato com o sistema de chakras ocorreu na década de 1960, quando eu investigava a meditação *kundalini*. Trata-se de uma prática meditativa de respiração, visualização e profunda liberação de energia. Li atentamente o enciclopédico livro de John Woodroffe, *The Serpent Power*, que descreve os chakras como "centros [de energia] do poder da serpente".[6] Essa tradução pioneira de textos sânscritos do século XIX forneceu ao mundo ocidental informações copiosas e detalhadas sobre a natureza do sistema de chakras, bem como sobre as práticas meditativas historicamente associadas a ele. Depois de seis meses de meditação cuidadosa, alcancei a experiência energética que buscara por tanto tempo. Foi como se um atiçador incandescente percorresse a minha espinha e entrasse no cérebro. Como resultado desse encontro aterrador com "a serpente", convenci-me de que a imagem da energia dos chakras não é inteiramente metafórica. Mas, embora ofereça uma oportunidade muito conhecida de experimentar a energia interna (ou de fritar o cérebro!), a prática do yoga kundalini não conduz necessariamente à iluminação. Essa é outra coisa que *não* se deve tentar em casa, sem o acompanhamento de um professor.

A dra. Orloff organiza esses centros energéticos e emocionais da seguinte maneira:

Chakra	Localização	Função	Cor
Primeiro	Genitais, ânus	Sexualidade, sobrevivência	Vermelho
Segundo	Cinco centímetros abaixo do umbigo	Sexualidade, nutrição, equilíbrio	Alaranjado
Terceiro	Plexo solar	Poder emocional, impulso, necessidade de controle	Amarelo
Quarto	Coração (cinco centímetros acima do diafragma)	Compaixão, amor	Verde
Quinto	Garganta	Comunicação, falar a verdade da própria pessoa	Azul-cobalto
Sexto (terceiro olho)	Fronte, entre as sobrancelhas	Intuição, intelecto	Violeta
Sétimo (coronário)	Topo da cabeça	Espiritualidade	Branco

A dra. Orloff também ensina que, antes de se buscar poder pessoal ou capacidade médica intuitiva, é aconselhável primeiro investir algum tempo na investigação dos próprios campos emocional e energético. Para ajudar as pessoas a aprender a sentir diretamente essas energias, ela oferece uma prática introspectiva que acalma a mente. Seu método é semelhante, sob vários aspectos, à prática da meditação *vipassana* — uma meditação para a observação interior por meio de uma percepção intensificada em que o praticante não cala as sensações corporais, mas, em vez disso, dirige a percepção para elas, prestando uma profunda e prolongada atenção a cada uma por vez. Eu tive a oportunidade de participar durante dez dias de um retiro de *vipassana* silenciosa com o compassivo e paciente professor Jack Kornfield, em seu Spirit Rock Meditation Center no norte da Califórnia. Descobri que simplesmente ficar em silêncio por dez dias pode ser, em si mesma, uma experiência capaz de transformar a vida, sem falar na bênção de ter à disposição um professor talentoso.

Em seu livro *Intuitive Healing*, Judith descreve em detalhes como se pode abordar essa prática de meditação que trabalha com um discernimento aguçado e profundo. Eis uma amostra:

- Fique em uma posição confortável. Feche os olhos. Respire profundamente algumas vezes. Relaxe. Concentre suavemente a atenção no seu corpo.
- Como o seu corpo se sente?
- Observe qualquer desconforto físico ou áreas relaxadas. Tente perceber a sua energia sutil.
- Está sentindo ondas de formigamento ou zumbidos em algum lugar?
- Está sentindo ondas de calor ou de frio ou pelos arrepiados sem que isso tenha relação com a temperatura ambiente?
- Você pode apontar com precisão o órgão específico afetado?
- Você pode sentir a energia como um zumbido, uma cor ou um tremor. Algumas partes do seu corpo podem dar a sensação de estar vivas ou especialmente sensíveis — outras podem parecer entorpecidas, doloridas ou insensíveis. Solte a imaginação. Você talvez experimente sensações em locais que nem sabia que existiam. Isso é bom.

Com base na minha longa amizade com Judith, eu a descreveria como uma pessoa amorosa e pacífica que anseia por um contato tranquilo com o Divino. Hé um elemento empático no corpo físico do intuitivo, bem como um aspecto diagnóstico visual. Além de sua empatia natural e de sua formação como psiquiatra, Judith conta com uma extensa experiência como vidente remota. Ela está em contato com a fenomenologia do discernimento entre o sinal paranormal e o ruído mental. Por isso, confio em seus ensinamentos. Acredito que, se seguir a prática ensinada por ela, você seguramente entrará em contato com os elementos energéticos do seu próprio ser. Esse é um empreendimento muito tranquilo. Não há riscos e não há como errar; você está simplesmente entrando em contato com sua própria experiência e atividade interiores. Por outro lado, a dra. Mona Lisa Schultz, também psiquiatra e intuitiva médica (que examinaremos na próxima seção) se empenha em correr riscos e o convida a rumar com ela para o desconhecido e ver o que é possível você descobrir fora do seu eu.

O QUE É UM MÉDICO INTUITIVO?

Nos ensinamentos de Judith, compreendemos que os médicos intuitivos são sensíveis a mudanças sutis em seu próprio corpo e nos de outras pessoas. Isso lhes permite perceber desequilíbrios em um nível energético e sugerir mudanças nos padrões de comportamento, de alimentação ou de pensamento antes que o desequilíbrio se manifeste como doença. A dra. Mona Lisa Schultz obteve sucesso em se tornar sensível a todas as pistas — paranormais e não paranormais — que dão informações sobre a própria saúde ou a de outra pessoa. Essa visão da intuição compreende tanto as informações de origem paranormal como aquelas percebidas em um nível subconsciente, não paranormal. Essa abordagem parece extremamente valiosa para os médicos, mas não é a que mais me interessa aqui. Estou investigando a diagnose a distância, e não aquela que é feita com o paciente do outro lado da escrivaninha (como Judith faz) ou na sala de espera (como a dra. Karagulla descreveria mais tarde) ou no pronto-socorro (como a dra. Schultz faz de modo tão valioso). Contudo, apesar dos meus esforços, ainda não encontrei nenhum exemplo de um verdadeiro diagnóstico médico duplo-cego (com exceção de Edgar Cayce), em que o intuitivo não olha para o paciente ou para o médico nem conversa com eles. Mas eu mesmo já fiz isso com sucesso e vou contar-lhe como você também pode fazer.

O que é preciso para ser um médico intuitivo

Mona Lisa Schultz é médica, fez doutorado, é psiquiatra, pesquisadora e destemida médica intuitiva. A partir de 2001, você poderia ligar para o número dela em Boston, informar seu nome e idade e ela visualizaria seu corpo, mente e espírito e lhe diria o que estivesse perturbando cada um desses sistemas.

Alguns médicos têm a capacidade de diagnosticar doenças quase de imediato (fazer um diagnóstico instantâneo); assim que entramos no consultório, eles intuitivamente sabem o que está errado conosco. Quando ingressou na faculdade de medicina da Universidade de Boston, Mona Lisa podia sentir instantaneamente os problemas médicos que afligiam os pacientes que ela atendia. Ela não buscou esse dom. Na verdade, durante todo o curso de medicina ela se indagava: "Por que eu?"

Tendo por base a década em que trabalhou como psiquiatra e médica intuitiva, Mona Lisa escreveu um manual abrangente para nos guiar no caminho da diagnose médica remota. Seu livro *Awakening Intuition* fornece instruções passo a passo sobre como sentir e avaliar impressões de cada um dos sete centros emocionais do paciente.[7] Ela também fornece uma lista útil de propriedades da informação intuitiva. Você reconhecerá que as listas que ela fornece contêm todos os elementos que associamos à visão remota bem-sucedida. Creio que Mona Lisa está no caminho certo. Eis sua lista de características gerais da informação intuitiva:

- Natureza gestalt do conhecimento
- Convicção sobre a verdade da percepção intuitiva
- Associação com a empatia
- Característica súbita e imediata do conhecimento
- Dificuldade de traduzir imagens em palavras
- Emoção/afeto associada/o com a percepção intuitiva
- Não analítica, não racional, não lógica

O ensinamento geral dessa lista é o fato de que devemos render-nos à experiência; você não pode se forçar mais e mais para obter uma leitura. Na verdade, o que está claro nos trabalhos de todos os intuitivos é que o diagnóstico médico constitui um processo não analítico, associado a sensações e imagens visuais frequentemente metafóricas. Mona Lisa e Judith têm uma grande vantagem prática sobre muitos outros intuitivos médicos, a de serem bem treinadas em anatomia e fisiologia. Isso significa que, quando veem uma vesícula ou um baço em sua tela mental, ambas identificam o que estão vendo e sabem o nome.

Embora ensine visão remota há muitos anos, eu nunca ensinei diagnose intuitiva. No ano passado, porém, aprendi a fazer diagnóstico intuitivo com surpreendente sucesso, com o auxílio de Katharyn Fenske, minha paciente professora, que, além de massagista, é uma médica intuitiva. Acredito que você também conseguirá aprender a ser um intuitivo seguindo a mesma abordagem que descrevi no Capítulo 3, aplicando-a ao sistema de centros emocionais que a dra. Schultz descreve em *Awakening Intuition*.

Desenvolva a sua capacidade para fazer diagnósticos intuitivos

Seja qual for a abordagem adotada para a diagnose intuitiva, o seu progresso será muito intensificado se você entender a fenomenologia subjacente à visão remota que discuto neste livro. O próximo ingrediente essencial é contar com um amigo que trabalhe em parceria com você; vocês podem aprender a ser intuitivos juntos.

Peça ao seu amigo para preparar fichas de arquivo com os nomes de vários pacientes e seus sintomas (ou outros descritores) para dois ou mais amigos. Se o seu parceiro de intuição não puder pensar em dois amigos doentes, você pode escolher duas pessoas interessantes ou fora do comum; todos nós conhecemos muita gente assim.

Faça-o colocar as fichas em envelopes idênticos, de modo que nenhum de vocês saiba que ficha está em qual envelope. Então escolha um dos envelopes. Esse será o seu "paciente".

A razão de todo esse sigilo está no fato de não ser conveniente você se treinar para fazer a leitura das pistas sutis fornecidas pelo seu parceiro em resposta às suas descrições intuitivas. Se o seu parceiro não fosse "cego" em relação ao alvo, ele inevitavelmente balançaria a cabeça de modo inconsciente ou apresentaria alterações na respiração quando as suas intuições se mostrarem corretas. É essencial que você aprenda a distinguir sozinho os dados intuitivos, pois, em uma situação real, é claro que não haverá ninguém ao seu lado para auxiliá-lo.

Primeira Parte: O estágio da sensibilidade

Com o envelope-alvo à sua frente, você precisa obter uma atenção concentrada e seriedade de propósito pensando ou dizendo para si mesmo: "Tenho aqui alguém que precisa de uma descrição." Você pode então usar a breve meditação baseada em uma percepção intuitiva aguçada descrita pela dra. Orloff na seção anterior ou qualquer outra técnica de meditação breve para relaxar.

Agora você está pronto para descrever quaisquer sensações físicas, sentimentos ou experiências pertencentes à pessoa descrita no envelope. Eu prefiro falar em voz alta todas as minhas impressões e reações, em vez de anotá-las. Mantenho os olhos fechados enquanto meu parceiro toma notas para mim.

Segunda Parte: O estágio visual

Nessa fase, examine "visualmente" com atenção o corpo da pessoa com os olhos da mente. Eu sempre faço essa varredura começando pelo topo da cabeça, mas descobri por meio da literatura específica que todos os demais trabalham de baixo para cima, seguindo a ordem em que os chakras são geralmente descritos. Quando você é iniciante nessa prática, seu amigo pode guiá-lo lentamente ao longo desses centros, no sentido em que você se sentir mais à vontade.

A dra. Schultz lista os sete centros da seguinte maneira:

1. Suporte físico do corpo, ossos, articulações, coluna, sangue, imunidade
2. Útero, ovários, colo do útero, vagina, próstata, testículos, bexiga, intestino grosso, reto, região lombar

3. Abdome, trato digestivo médio, fígado, vesícula biliar, rins, baço e meio da coluna
4. Coração, vasos sanguíneos, pulmões, seios
5. Pescoço, dentes, gengiva, tireoide
6. Cérebro, olhos, ouvidos, nariz
7. Transtornos genéticos, doenças que ameaçam a vida, envolvimento de vários órgãos

Você não precisa fazer uma investigação mental detalhada de cada um desses órgãos e sistemas, mas tem de prestar alguma atenção a cada área geral para não se fixar em um problema claramente discernível, negligenciando outro que pode ser igualmente grave. (Essa era uma grande tentação para mim no começo; eu ficava tão contente por ter conseguido ver realmente alguma coisa que me sentia como se tivesse terminado o trabalho, quando na verdade estava só começando.)

Terceira Parte: Reunião de informações adicionais

Como o seu parceiro não sabe quem é o seu paciente, ele pode fazer perguntas a você para obter mais informações do seu subconsciente, que estará se debatendo com imagens e impressões fragmentadas. Ele pode pedir-lhe para falar mais sobre o que você está sentindo ou indagar o que você está vendo e que o leva a afirmar isso ou aquilo. Pode sugerir fazer uma pausa e depois, ao retomarem o trabalho, verificar o que mais você pode ver. "Tem certeza de que olhou todas as partes do corpo?" é uma boa pergunta.

Abordagens dos hemisférios direito e esquerdo do cérebro

A abordagem que acabei de descrever é de certo modo própria do hemisfério esquerdo, e portanto analítica, que é a maneira como costumo abordar a maioria dos problemas, incluindo a visão remota. Quando comecei a me interessar por diagnose médica, a primeira coisa que fiz foi comprar uma coleção com doze videoteipes sobre anatomia e fisiologia da The Teaching Company.[8] As fitas abrangiam os sistemas vascular, muscular, nervoso e endócrino. Eu achava que, para discernir e descrever o que visse paranormalmente, eu precisaria ser capaz de identificar e dar nome. Para resumir, passei quarenta horas com os videoteipes e acredito que essa tenha sido uma das mais valiosas experiências de aprendizagem da minha vida. Assim, se examinasse alguém a distância, eu agora poderia dizer: "Essa pessoa parece toda rósea. Ela me passa a sensação de calor. Há uma intensa vermelhidão no lado direito, perto do intestino grosso. Eu diria que ela está com apendicite." Eu provavelmente não sentiria a dor dela.

Outros instrutores, como Prudence Calabrese, da Trans Dimensional Systems, ou Wayne Carr, do Western Institute of Remote Viewing, adotam um enfoque mais holístico. A abordagem do hemisfério direito (não analítico) dessa mesma leitura que acabei de descrever poderia enfatizar sensações de inchaço ou mesmo dor (que eu não relatei). Definitivamente incluiria impressões dos estados mental e emocional da pessoa (como estava a vida do paciente e o que ocupava sua mente). Seria possível detectar um problema sistêmico e sugerir que a pessoa procurasse um médico. Mas, pela minha experiência, é a capacidade de ver diretamente e descrever o sistema ou sistemas afetados que pode motivar o paciente a procurar auxílio médico.

A diferença entre as abordagens provavelmente vem do fato de que, além de homem, eu sou físico, e as dras. Orloff e Schultz, além de mulheres, são ambas psiquiatras, com uma abordagem muito mais compassiva e holística. Meu treinamento como vidente remoto "de Marte" me leva a procurar a peça quebrada para consertá-la. Por outro lado, Judith e Mona Lisa, "de Vênus", têm uma visão sistêmica geral da totalidade que abrange a mente, o corpo e o espírito. Isso está além da minha capacidade atual. O meu enfoque não será em geral sensível a problemas emocionais nem a fatos como o de a pessoa estar ou não em processo de divórcio ou em conflito com o chefe.

Minha experiência com a diagnose médica

No meu primeiro teste, minha professora Katharyn Fenske, uma experiente agente de cura, entregou-me um envelope contendo uma ficha que descrevia uma pessoa que ela conhecia. (Esse não foi um dos meus testes duplo-cego; eu só percebi a importância desses últimos depois desse primeiro teste.) Fechei os olhos e aquietei a mente. Então comecei o exame mental do corpo da pessoa-alvo, de cima para baixo. Meu processo não envolve examinar atentamente os chakras — ao contrário, ao que parece, do processo adotado por quase todo o mundo. Comecei pela seção média da pessoa e, para minha grande surpresa, vi um pâncreas altamente iluminado — parecido com o dos desenhos de anatomia das minhas fitas de vídeo. Em minha visão mental, eram alarmantes cores amarela e alaranjada, em vez do agradável rosa das fitas de vídeo. Eu disse: "Estou vendo um pâncreas isolado. Ele se mostra alaranjado e amarelo. Não parece bem. Essa pessoa tem diabetes?" A resposta foi "sim". Também percebi que havia chegado com pressa excessiva a um julgamento; o corpo inteiro deveria ser escaneado antes que se chegasse a uma afirmação analítica.

Fizemos uma pausa, depois da qual Katharyn me perguntou se podia ver mais alguma coisa. A essa altura, eu havia examinado o corpo inteiro durante cerca de cinco minutos. Tudo parecia bem, mas, no topo da coluna vertebral de um belo azulado, havia três vértebras de tom esverdeado. Relatei isso e perguntei se a pessoa tivera algum problema na coluna. (Sempre tenho um lampejo imediato a respeito do sexo do paciente, que se mostra quase sempre correto, embora eu tenha sido enganado certa vez a respeito de uma atleta especialmente masculinizada.) A resposta novamente foi "sim". Eu soube mais tarde que essa pessoa estava recebendo de Katharyn tratamentos com massagens para se recuperar de uma lesão na coluna cervical causada por um movimento abrupto da cabeça. Parecia que eu não estava vendo o interior do corpo, mas, em vez disso, respondendo intuitivamente a alguma coisa no sistema físico, a qual iluminava para mim a imagem apropriada de minhas lições de anatomia!

Três semanas mais tarde, em um teste semelhante com Katharyn, examinei a atleta a quem confundi com um homem. Eu vi uma pessoa pequena, encurvada, com cabelos curtos e escuros e nenhuma evidência de problemas, exceto que a aorta mantinha-se destacada. Quando eu olhava para ela, as células vermelhas do sangue mostravam-se convexas, em vez de côncavas, como deveriam ser, e também não parecia haver muitas delas. Sugeri que a pessoa estava deprimida e possivelmente anêmica. Nada sobre relacionamentos, abusos na infância ou baixa autoestima, apenas os fatos! Ambas as observações mostraram-se corretas. Em um escaneamento final, eu vi uma mancha pequena, isolada e vermelha brilhante em seu ombro esquerdo. Minha entrevistadora, não podendo confirmar nada disso, ligou para a paciente (que morava na Flórida) e descobriu que ela já não tinha problema no ombro esquerdo, mas que naquele ponto havia uma placa de metal desde quando ela era tenista e sofreu um deslocamento.

Eu pratico diagnose médica intuitiva desde há cerca de um ano, e estou sentindo que ela é muito mais fácil do que a visão remota. Outros intuitivos experientes concordam com essa avaliação.

Existem dados?

Graças à minha associação com a Sociedade Teosófica de Nova York na década de 1950, tive a oportunidade de conhecer e trabalhar com Dora Kunz, renomada clarividente e agente de cura. Dora se tornou presidente da Sociedade Teosófica Norte-Americana em 1975 e ensinou cura a Dolores Krieger. Juntas, desenvolveram o método de cura Toque Terapêutico. As impressionantes percepções superiores ou visualizações de auras por Kunz estão descritas no livro *Breakthrough to Creativity*.[9] Meu trabalho com Kunz foi um tanto superficial. Eu tinha apenas 22 anos e acabara de ser apresentado às ideias de campos de energia biológicos, que se destacam com proeminência nos textos de teosofia e no trabalho do físico Hans Richenbach. Eu queria saber se Dora podia perceber diretamente os campos magnéticos de ímãs escondidos, como alguns dos sujeitos paranormais de Richenbach podiam fazer. Descobri que Dora de fato era capaz de localizar ímãs escondidos e até mesmo de dizer se o lado voltado para ela era o polo norte ou o sul.[10]

Dez anos depois, Dora encontrou uma cientista dotada de um perfil mais apropriado para um trabalho conjunto. Ela estabeleceu parceria com a dra. Shafica Karagulla, que elaborou um estudo cuidadoso da capacidade de diagnose paranormal de Dora. O livro de Karagulla, datado de 1967,[11] é a primeira tentativa de se investigar cientificamente um médico intuitivo talentoso. A dra. Karagulla descreve sua abordagem:

> Dia após dia, Diane [na verdade Dora] e eu seguimos a nossa rotina de selecionar um paciente ao acaso, sem dispormos de qualquer conhecimento do seu histórico médico. Nós nos sentávamos em silêncio na sala de espera da Clínica de Endocrinologia enquanto ela fazia suas observações e eu, as minhas anotações. Certa tarde, apontei para um paciente sentado na cadeira número 5 e Diane começou a descrever uma condição anormal da glândula pituitária. Ela achou que o movimento do vórtice de energia na região próxima à glândula estava lento...

Embora tenhamos descrições de tirar o fôlego de doenças não obviamente visíveis, é impossível avaliar o que realmente acontece. Se uma sensitiva olha para uma pessoa sentada numa cadeira lendo um jornal e anuncia corretamente que ela tem um tumor na glândula pituitária, o que devemos pensar? Podemos certamente concluir que ela tem uma percepção excepcional, mas que parte dessa percepção consiste em apreender os distúrbios nos campos energéticos que ela descreve e que parte consiste em contato psíquico com a pessoa? Não podemos determinar isso — eu pelo menos não posso. As descrições de Dora são quase sempre apresentadas sob a forma de uma colorida rede de frequências — o campo vital e energético do corpo — e estão quase sempre corretas. Vinte anos depois, uma escola inteira foi criada para ensinar esse sistema.

A proeminente agente de cura nova-iorquina Barbara Brennan ensina seus alunos a escanear os campos energéticos de seus pacientes para encontrar "desequilíbrios, fissuras, estagnação e esgotamento" no seu fluxo de energia. Na escola de cura que fundou, Brennan ensina os alunos a usar uma "percepção superior (*high sense perception*)" para observar a aura de seus pacientes. Os alunos aprendem a observar o fluxo permanentemente mutável de energia do seu paciente, que não é detectável pela visão normal. Ela tenta ensinar essa percepção clarividente aos alunos para que esses possam usá-la em suas práticas de cura, tanto para diagnosticar os problemas do paciente como para reequilibrar e recarregar seus campos de energia (ou *aura*). Em seu livro *Hands of Light*,* Brennan ilustra magnificamente as formas e cores dos desequilíbrios energéticos que vê.[12] Anteriormente contratada como física pela NASA, onde estudou a reflexão da luz solar na Terra, seu conhecimento de espectroscopia lhe confere uma rara especificidade ao falar sobre a aura das pessoas. Quando descreveu para mim o campo energético de uma pessoa conforme é medido em centenas de nanômetros (10^{-9} metro), ela conquistou a total atenção deste físico especializado em *laser*!

Barbara Brennan, Jane Katra e eu tivemos um encontro muito amistoso na cidade de Nova York há vários anos. Pelo menos, se tornou amistoso depois que saímos do barulho e confusão inacreditáveis da veneranda Stage Delicatessen, aonde eu tolamente levei as duas para almoçar. Barbara queria aprender alguma coisa sobre visão remota, enquanto Jane e eu estávamos interessados, naturalmente, em suas percepções de energia. Barbara escondeu um objeto de sua escolha no banheiro do nosso quarto de hotel e me pediu para descrevê-lo. Quando me encontrei acima do barulho da cidade e aquietei meus pensamentos, Barbara me interrompeu dizendo: "Posso ver que os feixes do seu pensamento estão em contato com o meu objeto neste exato momento! Agora descreva o que está vendo." Eu descrevi um objeto pequeno e vermelho com espinhos; cada espinho tinha um pequeno calombo na ponta. Essa era uma descrição muito satisfatória do objeto: sua escova de cabelo. Além disso, eu estava impressionado — e continuo impressionado — por Barbara ter confiante e corretamente declarado ter visto "um feixe de luz" correspondente à direção para onde minha atenção estava se encaminhando. Se alguma vez eu precisar desemaranhar e endireitar os meus vórtices de energia, acredito que ela seja a pessoa indicada para fazer isso.

---

* *Mãos de Luz*, publicado pela Editora Pensamento, São Paulo, 1990.

Cinquenta casos pelo telefone

Na década de 1980, o médico Norman Shealy e sua parceira de pesquisa sensitiva, Caroline Myss, fizeram uma série definitiva de testes de diagnose a distância. Em anos anteriores, eles haviam cooperado em numerosos experimentos com diagnóstico em que Caroline descrevia os problemas psicológicos dos pacientes de Shealy. Quando passaram a documentar formalmente a notável capacidade dela para diagnosticar, os dois decidiram fazer uma série de cinquenta testes pelo telefone. Caroline não veria os pacientes, mas seria informada sobre o nome e a data de nascimento do paciente sentado no consultório do dr. Shealy. Essa série notável é descrita no livro *Creation of Health*, da coautoria de Shealy e Myss.[13] Shealy relata que Caroline teve um índice de precisão de 93% em suas avaliações por telefone!

Em *Creation of Health*, Shealy e Myss publicaram uma tabela que resumiu essa experiência desbravadora. Em uma coluna, listaram o diagnóstico do dr. Shealy após o exame médico do paciente. Na outra coluna, registraram o que Caroline disse a respeito dele em seu escritório a 2.400 quilômetros de distância. Eis uma parte dessa tabela:

Paciente	Diagnóstico intuitivo de Caroline	Diagnóstico médico do dr. Shealy
1	Esquizofrênico, distúrbio da sexualidade	Esquizofrênico, sério distúrbio da sexualidade
2	Enxaqueca, dor miofacial	Enxaqueca, dor miofacial
3	Depressão, problemas sexuais	Depressão, problemas sexuais
4	Herpes venérea	Herpes venérea
48	Dor nas costas, ansiedade	Dor nas costas pós-cirúrgica, ansiedade
49	Atrofia cerebral	Alzheimer
50	Tempestades elétricas no cérebro	Epilepsia

Shealy diz: "Não encontrei ninguém que fizesse um diagnóstico mais preciso do que Caroline, nem mesmo um médico." Acredito que essa pesquisa sobre diagnose a distância, junto com o trabalho que descreverei no próximo capítulo sobre cura a distância, mudará a forma e a direção da medicina nas décadas que virão. Aprenderemos a receber informações sobre o mundo distante de nós no tempo e no espaço. Também aprenderemos a emitir as nossas preces e intenções de cura para melhorar a saúde daqueles que estão doentes e precisando de ajuda. As evidências dessa capacidade de cura a distância já estão aparecendo nas principais publicações médicas dos Estados Unidos, descrevendo estudos clínicos em hospitais. Agora que fincamos os pés no novo milênio, estamos experimentando em cada área da atividade humana o que Marianne Williamson chama de "um clímax em que ciência e religião estão convergindo para a proclamação de uma verdade única e unificada, e estão adquirindo coerência mútua nessa proclamação. Será finalmente reconhecido que a experiência direta da espiritualidade não apresenta qualquer conflito com a investigação racional e científica da nossa vida".[14]

CAPÍTULO 6

Cura a distância

MINHA MENTE ESTÁ SOBRE SUA MATÉRIA?

...esse também fará as obras que eu faço,
e as fará maiores do que estas.

— João, 14:12

Os capítulos anteriores abordaram a nossa capacidade para receber um influxo de informações sobre algo escondido, distante ou no futuro. Neste capítulo, eu descreverei as melhores informações disponíveis mostrando que podemos emitir o fluxo da nossa energia ou das nossas intenções de cura para aliviar o sofrimento ou a dor.

Desde os tempos mais remotos, as comunidades têm reconhecido certos indivíduos em seu meio dotados de um dom especial para a cura, dos xamãs norte-americanos nativos aos gurus indianos. Conta-se que todos os fundadores das grandes religiões do mundo — Buda, Jesus e Maomé — foram poderosos agentes de cura. Jesus foi o mais conhecido de todos os agentes de cura espirituais e inspirou as primeiras gerações de cristãos a praticar a cura na comunidade.[1] Jesus afirmou que qualquer pessoa que estivesse disposta a se render a um poder superior poderia aprender a curar, não importando se fosse ou não cristão.[2]

Quando alguém lhe diz: "Eu vou rezar por você", o que realmente ele tem em mente? Por que nos causa uma sensação calorosa saber que alguém está pensando com bondade em nós? Por que deveríamos nos importar? Acredito que sabemos intuitivamente que as intenções afetuosas a distância de um amigo de alguma maneira são úteis. No Capítulo 4, eu descrevi os experimentos cuidadosamente conduzidos de Helmut Schmidt, os quais mostraram que os pensamentos de uma pessoa podem afetar a taxa de respiração de outra em um tempo anterior. Esses resultados são fantásticos porque põem em xeque nossa compreensão da dimensão temporal, bem como nosso entendimento básico da causalidade.

Para explorarmos questões semelhantes em relação à natureza da cura a distância, precisamos responder a duas perguntas vitais: "Quais são as evidências de que os pensamentos de uma pessoa podem de fato afetar ou curar o corpo físico de outra que não está fisicamente próxima da primeira?" E a outra pergunta, igualmente importante, é esta: "Quais são as expectativas da pessoa que está sendo curada?"

Além disso, se temos convicção de que somos dotados de uma natureza fundamental tríplice, compreendendo em igual medida corpo, mente e espírito, quais desses elementos nós esperamos que o agente de cura irá afetar? A resposta que nos parecer mais apropriada à nossa índole dependerá provavelmente de estarmos trabalhando com um agente de cura energético, um agente de cura paranormal, um agente de cura espiritual ou alguém inteiramente diferente.[3]

Da mesma maneira que os físicos contemporâneos se digladiam a respeito do papel da consciência no mundo físico, os profissionais da área da saúde debatem até que ponto a mente afeta a saúde do corpo. Neste capítulo, descreverei várias maneiras pelas quais a mente de uma pessoa, direcionada com intenções de cura, é capaz de afetar a saúde de outra pessoa — e as maneiras pelas quais as conexões de mente para mente podem facilitar a "cura energética" e também as curas espirituais e as curas paranormais a distância. Discutirei a capacidade humana para estabilizar e direcionar a atenção a fim de enviar nossas preces, nossa energia e nossas intenções de cura para promover uma saúde melhor para os doentes e necessitados.

Em seu livro *Meaning and Medicine*, o médico Larry Dossey, um médico visionário, indaga:

> De que maneira a prece, o toque terapêutico sem contato físico, os efeitos prolongados da meditação, os efeitos de imagens transpessoais ou distantes e os diagnósticos a distância se encaixam na medicina moderna? Será que se encaixam? Acredito que a resposta seja afirmativa se formos suficientemente corajosos para expandir as nossas concepções sobre a mente.[4]

A hipnose no velho estilo

Embora não fosse especificamente relacionado com a cura a distância, meu primeiro contato pessoal com a influência mental intencional ocorreu em 1969, quando o eminente pesquisador checo e hipnoterapeuta Milan Ryzl visitou o nosso Parapsychology Research Group em Portola Valley, Califórnia. Esse grupo de amigos e pesquisadores tem se encontrado continuamente desde 1965, quando eu o fundei com o psicólogo Charles Tart, o professor de filosofia Jeffrey Smith e o pesquisador da consciência Arthur Hastings. Ao longo dos anos, o nosso pequeno grupo recebeu visitas de muitos luminares da PES, incluindo J. B. Rhine, J. G. Pratt e Hugh Lynn Cayce.

A visita de Milan Ryzl

Na ocasião da visita de Milan Ryzl, cinquenta pessoas estavam reunidas na espaçosa sala de estar de paredes revestidas de pedras de

Jeffrey Smith, onde fomos convidados para uma demonstração do que creio ser uma abordagem da influência mental no velho estilo "mestre-escravo". Mesmo em anos recentes, esse enfoque autoritário era popular entre os hipnotizadores, especialmente na Europa oriental.

O dr. Ryzl, um engenheiro químico, alcançou a fama nos círculos de parapsicologia pelos seus surpreendentemente bem-sucedidos experimentos de clarividência, nos quais ele comunicou paranormalmente números formados por quinze algarismos decimais para um talentoso paranormal.[5] O objetivo de sua pesquisa era o de alcançar perfeita precisão no envio de uma mensagem e os seus resultados estão entre os mais impressionantes nos anais das pesquisas sobre fenômenos *psi*. Para realizar seu objetivo, Ryzl tinha um assistente que selecionava randomicamente cinco grupos de números, de três dígitos cada. Os quinze dígitos decimais eram então codificados em forma binária (combinações de um e zero) e traduzidos em uma sequência de quinze cartas verdes ou brancas (com o verde representando "um" e o branco representando "zero"), que então eram colocadas em um envelope opaco lacrado. Nesse experimento, Ryzl trabalhou com um excepcional sujeito de hipnose chamado Pavel Stepanek. Por meio do uso de uma técnica de codificação redundante, que requeria quase 20.000 chamadas paranormais para as cartas verdes ou brancas (um ou zero), Ryzl transmitiu todos os quinze dígitos para Stepanek sem erro (probabilidade de 10^{-15}).

Na nossa reunião de 1969 na Califórnia, Ryzl graciosamente concordou em demonstrar sua bem-sucedida abordagem, e pediu a um voluntário para ser o sujeito de hipnose. Estávamos todos ansiosos para ver a sua técnica em ação. Contudo, ele chocou-nos a todos — principalmente à jovem mulher voluntária — quando, depois que as luzes foram diminuídas, falou-lhe em voz alta e autoritária: "Minha vontade domina a sua vontade. Você fará exatamente o que eu disser!" Embora esse enfoque tenha provocado surpresa, ele é também muito eficiente. O experimento de desenhar imagens que ele demonstrou naquela noite (o qual pode ser considerado como uma forma de visão remota) foi inteiramente bem-sucedido. Fomos capazes de observar como ele alcançara seu grande sucesso no experimento com Stepanek uma década antes de qualquer pessoa ter ouvido falar sobre visão remota. Hoje, a hipnose se tornou uma prática muito mais amplamente conhecida, expansiva e cooperativa.

O papel pioneiro de Franz Mesmer

Em 1779, o carismático médico alemão Franz Mesmer foi a primeira pessoa a investigar sistemática e cientificamente a hipnose e a cura de uma pessoa unicamente por meio das intenções de outra pessoa. Embora esse tipo de cura estivesse ocorrendo desde o alvorecer da humanidade, parece que Mesmer foi o primeiro médico a reconhecer e a descrever a importância da intensa sintonia (*rapport*) e conexão de mente-para-mente com seus pacientes. Mesmer obtinha essa conexão por meio do uso de passes "magnéticos" rítmicos aplicados sobre o corpo deles até que eles entrassem em transe — frequentemente por mais de uma hora. Ele também foi o primeiro a conjecturar que os traumas psicológicos poderiam ser uma causa de doenças físicas.

A pesquisa sobre hipnose de Vasiliev

Nas décadas de 1920 e 1930, Leonid Leonidovich Vasiliev era um pioneiro pesquisador soviético em psicologia e fisiologia, seguindo a tradição de Franz Mesmer. Sua especialidade era o tratamento de sintomas histéricos usando a hipnose. Ele ficava, contudo, alternadamente dentro e fora dos favores do dirigente do regime stalinista. Enquanto recebeu o apoio de Stalin, dirigiu o Instituto para Pesquisas Cerebrais de Leningrado, fundado por seu professor V. M. Bekhterev para investigar o uso da hipnose para o tratamento de doenças histéricas. Por um tempo no começo da década de 1930, a sua pesquisa foi considerada demasiadamente espiritual e ele ficou sem trabalho. Porém, por volta de 1933, Vasiliev havia retornado ao seu velho instituto com um programa mais propriamente materialista: a investigação dos efeitos da blindagem eletromagnética na indução da hipnose.

Além do tratamento de doenças e do alívio da dor por meio da hipnose, o principal interesse de Vasiliev era a indução do sono pela hipnose. Ele usou a abordagem característica do hipnotizador de palco: "Você está com sono. Suas pálpebras estão ficando muito pesadas." Vasiliev se surpreendeu ao descobrir que seus melhores sujeitos de hipnose caíam por vezes em sono hipnótico quando ele apenas pensava nessas palavras.[6] Seus experimentos subsequentes mais famosos envolveram a indução do sono e do despertar em distâncias cada vez maiores, chegando o hipnotizador a ficar distanciado em muitos quilômetros do sujeito hipnotizado. Depois de muitos experimentos iniciais em sono a distância, com sujeitos com os olhos vendados no laboratório e pacientes em suas casas observados por suas senhorias, ele passou a realizar experimentos formais com os sujeitos sob rígidos controles laboratoriais tais como nós os usamos hoje.

Para observar os efeitos da completa blindagem eletromagnética, Vasiliev construiu uma câmara de teste de aço com cerca de 1,80 metro de lado, revestida de chumbo e selada com uma calha cheia de mercúrio (algo que não faríamos hoje). Para garantir que o sujeito da experiência permanecesse desperto dentro da câmara, Vasiliev lhe pedia que ficasse apertando um bulbo de borracha cada vez que inspirasse. O ar que saía do bulbo era transportado por um tubo de cobre através da parede da câmara até um aparelho pneumático de gravação que produzia um registro em um gráfico cada vez que a mulher apertava o bulbo. Vasiliev descreveu duas de suas pacientes histéricas, Ivanova e Fedorova, como sujeitos hipnóticos excepcionais. Sob hipnose, elas podiam desenhar com exatidão o que ele estava desenhando e conseguiam até mesmo sentir o gosto de substâncias que ele estivesse saboreando.

Vasiliev realizava esses experimentos subindo num segundo recinto blindado em uma sala distante. Então, de acordo com uma programação previamente estabelecida, ele visualizava e, mentalmente, desejava que seus pacientes adormecessem ou acordassem. Ele observou que de poucos segundos a um minuto depois de ter começado sua indução mental do sono, o aperto do bulbo parava. Então, no momento apropriado, ele tentava acordar o sujeito adormecido e as marcas no gráfico em movimento começavam novamente, indicando que a paciente tinha realmente acordado e recomeçado a apertar o bulbo. Vasiliev repetiu esses experimentos com muitas variações e as demonstrou para a Academia Soviética de Ciências. Seu grande entusiasmo com relação a esses resultados derivava do fato de que o começo do sono ou o despertar não dependiam, de maneira alguma, de se estar ou não usando a blindagem. Isso mostrava conclusivamente que o meio da transmissão telepática não podia ser qualquer forma conhecida de ondas eletromagnéticas.

Para mim, os experimentos mais extraordinários de Vasiliev são os seus testes de hipnose a longa distância, nos quais ele elimina qualquer possibilidade de vazamento sensorial para os seus sujeitos. Nesses experimentos, o parceiro de pesquisa de Vasiliev, o professor Tomashevsky, foi enviado para Sevastopol (distante cerca de 1.500 quilômetros de Leningrado) para ser o emissor telepático. Enquanto estava lá, Tomashevsky iria exercer a sua vontade como um hipnotizador experiente para criar uma influência controladora sobre o sujeito que ficara no laboratório durante os períodos previamente combinados de duas horas de experimento. As ocasiões precisas em que o sujeito caía no sono e despertava eram desconhecidas para os observadores em Leningrado. Seus relógios foram sincronizados com a Rádio Moscou, e os tempos observados do início do período de sono e do despertar desses bem treinados sujeitos de hipnose situavam-se novamente dentro de um minuto a partir do início da influência mental do emissor. Um teste acidental de controle foi inserido quando Tomashevsky, o emissor, um dia ficou doente. Não houve nenhuma intenção hipnótica em Sevastopol nesse dia e nenhum efeito de indução hipnótica foi observado durante todo o período experimental de duas horas em Leningrado.

Desde minha primeira leitura do extraordinário livro de Vasiliev, *Experiments in Mental Suggestion*, na década de 1960, tenho refletido com frequência sobre a pungente imagem de suas pacientes, em geral mulheres doentes, algumas parcialmente paralisadas, espremidas em seu escuro cubículo de aço, apertando obedientemente seus pequenos bulbos de borracha, acordando e adormecendo como pequenos passarinhos enquanto as paredes da câmara exsudavam um miasma tóxico de vapor de mercúrio pelas suas juntas. Algum dia haverá um filme a respeito. Mas não há nenhuma dúvida de que as três décadas de cuidadosas pesquisas de Vasiliev forneceram evidências convincentes de que os pensamentos de uma pessoa podem, de fato, afetar o comportamento de outra a distância. Eu creio que o perturbador domínio da vontade descrito aqui ocorre apenas entre um hipnotizador experiente e um sujeito completamente cooperativo e experiente. Esse é outro exemplo de algo que você provavelmente não deveria tentar em casa.

Esses experimentos do tipo vodu, vindos a nós do começo do século passado, podem parecer chocantes diante dos modernos padrões de pesquisa. Para este físico de temperamento conciliatório, contudo, a observação de que a eficácia da conexão mente-para-mente não depende da distância e nem da blindagem eletromagnética parece extraordinariamente contemporânea — simplesmente outra conexão não local. Apresentando a visão mais moderna sobre esse tema, o eminente físico Henry Stapp, da Universidade da Califórnia, em Berkeley, escreve:

> A nova física apresenta a evidência *prima facie* de que os pensamentos humanos estão vinculados à natureza por conexões não locais. O que uma pessoa escolhe fazer em uma região parece afetar imediatamente o que é verdade em outro lugar no universo. Esse aspecto não local pode ser entendido concebendo-se o universo como sendo, não uma coleção de pedacinhos minúsculos de matéria, mas sim um compêndio em crescimento de "pedacinhos de informação" (...). E eu acredito que a maioria dos físicos quânticos também concordará com o fato de que os nossos pensamentos conscientes devem eventualmente ser entendidos dentro do campo da ciência, e que, quando propriamente entendidos, nossos pensamentos serão vistos fazendo algo: *Eles serão eficazes* [a ênfase está no original].[7]

Conexões de mente-para-mente que podem ser repetidas

Desde a pesquisa pioneira de Vasiliev, muitos investigadores procuraram uma forma confiável e sensível de demonstrar que os pensamentos de uma pessoa podem atuar diretamente na fisiologia de uma pessoa distante. Isso é uma indicação muito mais objetiva da transferência de pensamentos do que uma resposta telepática, que precisa ser mediada pela percepção consciente do receptor e então verbalmente relatada ou desenhada.

Em 1965, dois anos depois da publicação do livro de Vasiliev em inglês, o químico Douglas Dean, da Faculdade de Engenharia de Newark, demonstrou conclusivamente que o sistema nervoso autônomo dos sujeitos em seu laboratório respondia diretamente aos pensamentos de uma pessoa distante.[8] Douglas era um inglês charmoso e comunicativo que trabalhou incansavelmente para alcançar reconhecimento para a pesquisa parapsicológica. Ele e Margaret Mead foram os principais responsáveis por conseguir que a prestigiosa American Association for the Advancement of Science (AAAS) aceitasse a Parapsychology Association, da qual ele era presidente, como associada de pleno direito em 1969.

Nos experimentos de Dean, os participantes receptores deitavam-se em silêncio em uma cama de lona num quarto escuro, enquanto um pletismógrafo[9] óptico com uma pequena lâmpada e uma fotocélula gravava alterações no volume de sangue de seus dedos, o que é uma medida da atividade do sistema nervoso autônomo. Nesses experimentos intensamente repetidos, o emissor ficava sentado numa mesa em outro quarto. Ao sinal de um *flash* de luz, o emissor deveria examinar com atenção cartas randomicamente ordenadas contendo nomes com uma velocidade de uma carta por minuto. Observava-se que a atividade autônoma do receptor distante (que estava conectado ao pletismógrafo) aumentava acentuadamente quando o emissor focalizava sua atenção nas cartas com nomes que tinham importância pessoal ou emocional para o receptor (pais, cônjuge, namorado, cão), em comparação com nomes randômicos extraídos da lista telefônica. Enquanto os batimentos cardíacos do receptor eram registrados um a um durante o curso de uma sessão de vinte minutos, ele ou ela não estava ciente de quando os nomes significativos estavam sendo lidos pelo emissor. Com alguns sujeitos, a diferença entre as duas condições era tão forte que as mudanças na forma da pulsação no mapa de gravação podiam ser observadas diretamente sem nenhuma análise sofisticada.

Influência mental a distância

O dr. William Braud, do Institute of Transpersonal Psychology (ITP), em Palo Alto, Califórnia, trabalhou durante mais de três décadas para obter uma compreensão do que nós chamamos vagamente de "influência mental a distância". Braud, colaborador frequente da dra. Marilyn Schlitz (hoje diretora de pesquisa do Institute of Noetic Sciences, em Petaluma, Califórnia), realizou dezenas de experimentos investigando a capacidade de uma pessoa para influenciar diretamente o comportamento psicológico sutil de outras pessoas em salas distantes usando apenas meios mentais. Esses experimentos incluíam esforços para afetar remotamente a pressão sanguínea e o estado de relaxamento de uma pessoa, fatores medidos por meio de alterações da resistência elétrica da pele (resposta galvânica da pele, ou RGP). Outros estudos envolveram as tentativas de produzir um aumento na taxa de atividade de gerbos correndo dentro de uma roda e de influenciar a direção do nado espontâneo de pequenos peixes-faca elétricos (uma espécie de carpa). Todos esses experimentos que examinavam a influência mental a distância obtiveram sucesso, e — o que é mais importante — podiam ser repetidos.[10]

A teoria de Braud afirma que sistemas instáveis — coisas vivas que exibem algum nível de atividade — são mais facilmente movimentadas ou afetadas do que sistemas em repouso, que exibem um alto grau de inércia. Esse é um tipo de enunciado psicológico da terceira lei de Newton, a qual afirma que os objetos em movimento tendem a permanecer em movimento, e os objetos em repouso tendem a permanecer em repouso. O dr. J. B. Rhine, em seus esforços para demonstrar a influência mental na década de 1940, também reconheceu que é mais fácil afetar a trajetória de dados que caem do que fazer levitar dados que estão em repouso em uma mesa.

Braud era muito seletivo com os sistemas que estudava. Se as criaturas não fossem suficientemente instáveis, ou caso se mostrassem demasiadamente lerdas, poderia ser muito difícil conseguir fazer que elas começassem sua atividade. Por outro lado, se o comportamento normal de um animal estivesse muito próximo do teto de atividade, o animal poderia ser capaz de mostrar quase toda a atividade que se poderia esperar dele. Um gerbo, por exemplo, seria um alvo melhor do que um caracol ou uma lesma, ou um beija-flor ou uma abelha; seria difícil obter a atenção de uma lesma e igualmente difícil aumentar o nível de atividade de um beija-flor.

Embora a maior parte do trabalho altamente bem-sucedido de Braud envolvesse aumento e diminuição do grau de relaxamento de pessoas em um local distante, um de seus experimentos mais importantes envolveu a tentativa de, paranormalmente, ir em auxílio de glóbulos vermelhos sob ameaça. Em todos os seus outros experimentos com sistemas vivos, a criatura (até mesmo o peixe-dourado) tinha um nível de consciência que podia, em princípio, ser afetado por uma pessoa distante.[11]

Nos experimentos seguintes, pedia-se aos sujeitos no laboratório que influenciassem o comportamento de glóbulos vermelhos, que no melhor do nosso entendimento não têm uma consciência independente. Nesses estudos, as células eram colocadas em tubos de ensaio de água destilada, o que é um ambiente tóxico para elas. Se o conteúdo salino da solução se desviar muito daquele do plasma sanguíneo, a parede celular enfraquece e o conteúdo do glóbulo vermelho vaza para a solução. Essa situação infeliz é desapaixonadamente chamada de "hemólise". O grau da hemólise é facilmente medido; a transmissão de luz através de uma solução contendo glóbulos vermelhos intactos é muito menor que a transmissão através de uma solução de glóbulos dissolvidos. Durante o experimento, um espectrofotômetro era usado para medir a transmissão da luz em função do tempo.

Em cada série com 32 sujeitos diferentes, havia vinte tubos de sangue a ser comparados por pessoa. Os sujeitos, situados em um quarto distante, tinham a tarefa de tentar salvar os pequenos corpúsculos da destruição aquosa em dez dos tubos-alvos. Os glóbulos vermelhos nos dez tubos de controle tinham de se defender por si mesmos. Braud descobriu que as pessoas trabalhando como agentes de cura remotos eram capazes de retardar significativamente a hemólise do sangue nos tubos que eles estavam tentando proteger.[12]

Esses experimentos são importantes porque a mente do sujeito/agente de cura foi capaz de interagir diretamente com um sistema vivo, e não se poderia razoavelmente dizer que esse fenômeno se devia ao efeito placebo ou ao charmoso comportamento delicado do médico. Outra extraordinária descoberta nesses experimentos era o fato de que os participantes que produziram os resultados estatisticamente mais significativos tinham ainda mais sucesso em proteger seus próprios glóbulos vermelhos do que em proteger as vidas dos glóbulos provenientes de outra pessoa. Esse resultado está aberto a interpretações. Pode ser que, se o funcionamento paranormal é concebido como uma espécie de ressonância, alguém seja mais ressonante com uma parte de si mesmo do que com uma parte de outra pessoa. Em seu livro *Distant Mental Influence*, Braud resume essa ideia:

> Enunciando de maneira concisa, as evidências compiladas indicam que, sob certas condições, é possível saber e influenciar os pensamentos, imagens, sentimentos, comportamentos e atividades físicas e fisiológicas de outras pessoas e organismos vivos — mesmo quando o influenciador e o influenciado estão separados por grandes distâncias no espaço e no tempo, além do alcance dos sentidos convencionais.[13]

Influência mental através da televisão

Estudos adicionais realizados por Braud e Schlitz mostraram que se uma pessoa simplesmente prestar atenção intensamente em uma pessoa distante cuja atividade fisiológica está sendo monitorada, ela pode influenciar as respostas galvânicas autônomas da pele dessa pessoa. Em quatro experimentos separados envolvendo 76 sessões, o participante ativo sentava-se em um cubículo de escritório e olhava atentamente, interrompendo essa ação e retomando-a de acordo com um conjunto de instruções randomizadas, para a imagem de uma pessoa distante em um monitor de TV de circuito fechado. Esse olhar fixo intermitente era suficiente para influenciar de maneira significativa as respostas eletrodérmicas (RGP) da pessoa remota. A pessoa que estava sendo olhada com atenção intensa simplesmente permanecia sentada em silêncio, descansando ou meditando com os olhos fechados.

Nenhuma técnica adicional de focalização ou de formação de imagem mental era intencionalmente utilizada pelo influenciador, além de olhar fixamente para a imagem do "observado" em uma tela de vídeo durante períodos aleatoriamente intercalados de olhar fixo.

Nesses estudos, Braud e Schlitz também descobriram que as pessoas mais ansiosas e introvertidas que eram observadas fixamente apresentavam a maior magnitude de respostas eletrodérmicas inconscientes. Em outras palavras, a pessoa mais tímida e introvertida reagia significativamente com mais stress do que a pessoa sociável e extrovertida.

Esse experimento dá validação científica à experiência humana comum de se sentir observado, virar a cabeça e descobrir que alguém está de fato com os olhos fitos em você.[14]

Marilyn Schlitz e Stephen LaBerge, do laboratório, financiado pelo governo norte-americano, da Science Applications International Corporation (SAIC), em Menlo Park, Califórnia, reproduziram com sucesso os experimentos de Braud e colaboradores fazendo algumas alterações interessantes no protocolo. Em 1993, eles tornaram a medir até que ponto as pessoas sentem inconscientemente a influência telepática de uma pessoa distante que está olhando para a sua imagem em vídeo. Novamente, os dois participantes se conheciam apenas de passagem. Nesses estudos, porém, o observador era instruído para tentar estimular ou assustar a pessoa cuja imagem em vídeo ele estava fitando. Esse trabalho diferia do anterior de Braud e Schlitz; nos estudos anteriores, os influenciadores eram instruídos a simplesmente olhar para a imagem em vídeo sem tentar influenciar diretamente o "observado"; no experimento posterior, os influenciadores procuravam especificamente aumentar a resposta de stress do receptor.[15]

Acredito que as pessoas têm conhecimento desse fenômeno desde o tempo dos gregos antigos. Especificamente, se um homem fixar os olhos numa mulher de costas em um teatro, ela se virará e olhará para ele. Mas não vamos nos deter nos usos agressivos da capacidade psíquica, como na feitiçaria, ou na potencial necessidade de autodefesa psíquica. Se você for, num grau razoável, fisicamente bem ajustado e mentalmente livre das armadilhas do medo, do julgamento e da percepção condicionada, nenhum desses perigos potenciais constituirá uma ameaça real — apenas uma razão a mais para avançar rumo à descoberta de quem você realmente é.

Seria realmente influência mental?

Quando enveredou por essa linha de pesquisa, Braud acreditava que podia considerá-la como uma espécie de estudo sobre *biofeedback*. Ou seja, ele acreditava que os observadores poderiam aprender a intensificar o seu efeito sobre os observados acompanhando o traçado RGP no gráfico do polígrafo que mostrava os aumentos e diminuições na atividade elétrica desses observados distantes. Ele chamou isso de *allo-biofeedback*, porque se trata de uma realimentação (*feedback*) entre duas pessoas. Pelo que sabemos, esses experimentos foram extremamente bem-sucedidos. Porém, descobriu-se que o *feedback* para o observador não era necessário e nem mesmo útil. Surpreendentemente, os observadores não foram capazes de melhorar o seu desempenho observando as flutuações RGP da pessoa distante e modificando suas estratégias para ver o que funcionava. Ou seja, não houve aprendizagem de como ser um melhor influenciador, como vemos no treinamento de *biofeedback* comum.

Esse é um resultado desconcertante, que enfraquece a suposta relação de causa e efeito entre a intenção do observador e a consequência para o observado. A impossibilidade de eu melhorar o meu desempenho observando os resultados dos meus esforços lança dúvidas sobre o modelo da psicocinese biológica (Bio-PK), segundo o qual a minha mente afeta diretamente a sua matéria. Também tem implicações para os agentes de cura — se o que eles fazem for semelhante à influência mental a distância. Nós nem sequer sabemos se é o influenciador (ou agente de cura) que promove as mudanças. Muitos agentes de cura espiritual insistem em que não são eles que curam. (Os agentes de cura energética, por outro lado, parecem sentir que são eles, na verdade, que agem.) Se o que ocorre não for Bio-PK, então talvez não se trate também de influência mental a distância! Poderíamos descrever a relação mais como um "mútuo codespertar ou interação não remota" do que como um "fazer".

Braud agora considera essa classe altamente confiável de experimentos como "interações mentais diretas com sistemas vivos" ("Direct Mental Interactions with Living Systems") (DMILS). Essa pesquisa demonstrou claramente que há uma relação significativa entre a intenção de uma pessoa e algo que acontece com, ou para, um sistema vivo distante. Além disso, como o aumento ou a redução da distância nesses experimentos não altera a taxa de sucessos, eles parecem recair na categoria de não local, como acontece com a visão remota — uma interação direta mais do que uma influência a distância.

Depois de três décadas de pesquisas, Braud propõe que façamos uma profunda reavaliação da nossa visão dos fenômenos de cuja pesquisa ele foi o pioneiro. Ele escreve:

> Essa substituição [de interação por influência] foi feita para eliminar a suposição ou conclusão de que se trata essencialmente de um processo de psicocinese ativa, de influência, em que novamente um influenciador desempenha um dos papéis principais. As interações sugerem que outros processos *psi* — tais como telepatia, clarividência e precognição — podem estar envolvidos tanto quanto, ou até mesmo num grau maior, que a psicocinese; que a influência pode desempenhar um papel muito mais importante — e cooperativo — do que aquele que é imediatamente óbvio; e que em todos esses experimentos nós ficamos [basicamente] com correlações entre as intenções do influenciador e as atividades do influenciado.[16]

Essa visão é coerente com as afirmações do agente de cura espiritual, que se considera um instrumento da cura, e não como alguém que controla remotamente pacientes para fazê-los se sentir melhor.

Influência mental sobre sistemas não vivos

Uri Geller, o mágico e paranormal israelense que ficou famoso pela suposta capacidade de dobrar objetos sem os tocar, visitou o nosso laboratório do SRI no inverno de 1972. Geller foi um convidado muito agradável, e inusitadamente generoso e paciente com os meus fillhos pequenos que exigiam a sua atenção. Muitos pensam que Geller é uma fraude total, que nos enganava com seus truques. Mas isso não é verdade. Nós exercemos mais supervisão técnica e administrativa nos nossos experimentos com Uri do que em qualquer outra fase das nossas pesquisas. Hal Puthoff e eu descobrimos que, em experimentos cuidadosamente controlados, Uri podia perceber e copiar paranormalmente imagens que um artista e eu selecionávamos aleatoriamente e desenhávamos, instalados em um aposento opaco e eletricamente blindado. Os excelentes desenhos de Geller estão no nosso artigo técnico publicado em *Nature* e no nosso livro *Mind Reach*.[17] Se considerarmos os experimentos em geral de PES com desenhos de imagens de Geller como um tipo de visão remota, poderemos afirmar que Geller era um excelente vidente remoto, mas de modo algum o melhor que testemunhamos no SRI.

Apesar desses experimentos bem-sucedidos de percepção, nós divulgamos amplamente que Uri não dobrou paranormalmente nenhum metal no SRI. Durante duas décadas, eu critiquei toda aquela loucura de entortar colheres como uma espécie de tolice. No ano passado, porém, presenciei fenômenos de dobrar metal que mudaram a minha opinião. Meu amigo Jack Hauk é engenheiro aeronáutico da McDonnell Douglas Aircraft Company. Jack conduz reuniões em que se entortam colheres, que ele chama de reuniões de PK (psicocinese). Nessas reuniões, ele guia e incentiva os participantes a convocar sua suposta capacidade paranormal de curvar metais e de fato causa o entortamento de colheres. Eu havia visto muitas colheres entortadas, mas nunca vira nada que parecesse significativo ou paranormal nessas reuniões — pelo menos, não até 1999.

Numa reunião de PK realizada no salão de festas de um hotel em Palo Alto, Jack e eu estávamos tentando filmar em videoteipe um caso em que se dobrasse o metal paranormalmente — um esforço que quase sempre terminava em fracasso. Quando estávamos fazendo a limpeza depois de outro evento decepcionante, ouvimos um grito vindo de um canto do salão; era Jane Katra. Ela estivera sentada em silêncio, meditando com uma colher de chá prateada na mão, quando, de repente, a colher "adquiriu vida" em sua mão e a arrancou do devaneio. Ela descreveu como uma sensação repentina de ter um grilo esfregando a palma de sua mão; foi isso que a fez gritar. Quando vários de nós corremos para ver o que havia acontecido, nós a encontramos olhando para uma colher muito esquisita. Enquanto estava na sua mão, a concha da colher encurvou-se 180 graus em direção ao cabo. Nós fotografamos a colher e a colocamos em um saco plástico. Quando chegamos em casa, a colher havia encurvado até 270 graus e agora parecia uma conchinha de nautilus. Ou seja, a concha da colher — não o cabo — se havia dobrado. Não consigo imaginar um modo, seja com força manual ou tecnologia de laboratório, de alguém fazer isso — seguramente não a Jane, cujas mãos têm pequena ossatura e se machucam só de cortar rosas.

No mês seguinte, compareci a uma segunda reunião de PK. Dessa vez, tive sucesso em curvar em cerca de 30 graus uma vareta de alumínio com quase um centímetro de diâmetro e medindo cerca de 30 cm. Quando me sentei, meditando com os olhos fechados, a vareta se tornou flexível nas minhas mãos — e então ela se encurvou! Levei para casa uma vareta idêntica para meus dois atléticos filhos tentarem dobrar. Nenhum dos dois altos e fortes remadores conseguiu executar a façanha.

Não estou contando essas histórias para insinuar qualquer talento paranormal meu ou de Jane, mas porque acho importante relatar finalmente que de fato existe isso de curvar metais paranormalmente, e que não é preciso ser Uri Geller para fazê-lo. A conclusão é que, se Jane e eu pudemos curvar metal numa reunião de PK, então é muito provável que Geller, que inventou essa loucura, também possa. O fato de que um mágico de palco possa fazer mágica mental ou fingir que entorta colheres no programa de TV *Tonight Show* não prova que essas coisas não possam de fato ocorrer.

Três eras de cura

Larry Dossey é um dos principais pioneiros na investigação das dimensões espirituais da cura. Recentemente, seu compromisso com o estudo da cura mente-corpo o levou a tornar-se editor-executivo da nova revista *Alternative Therapies in Health and Medicine*. Em seus livros inspiradores *Recovering the Soul**, *Meaning and Medicine* e *Healing Words*,** Dossey descreve três tipos distintos de metodologia de cura que têm sido adotados ao longo de todo o decorrer da ciência médica.[18] Como geralmente elas se desdobram em sequências históricas, ele se refere a essas categorias de cura como "eras". As ideias de Dossey fornecem um arcabouço muito útil para se entender a relação entre visão remota e cura, e por isso eu descreverei aqui os três tipos de metodologia.

Na Era de Cura I, todas as formas de terapia são físicas e o corpo é considerado um mecanismo que funciona de acordo com princípios deterministas. As leis clássicas da matéria e da energia, conforme descritas pela física newtoniana, regem essas abordagens da cura, que se concentram exclusivamente nos efeitos das forças materiais sobre o corpo físico. O enfoque de cura da Era I abrange a maior parte da tecnologia médica "moderna" e inclui técnicas como drogas, cirurgia e radiação. Também inclui reanimação cardiopulmonar (RCP), acupuntura, nutrição e medicina fitoterápica — mas a mente não é considerada um fator de cura nessa era.

Dossey elogia as realizações da medicina da Era I na história da cura, assim como os físicos modernos reconhecem as contribuições da física newtoniana para a nossa compreensão das leis do universo físico. "Essas conquistas são tão significativas que a maioria das pessoas acredita que o futuro da medicina ainda esteja solidamente localizado nas abordagens da Era I", diz Dossey, apesar do fato de se estar mostrando que "todas as principais enfermidades do nosso tempo — doenças cardíacas, hipertensão, câncer e outras — são influenciadas, ao menos em alguma medida, pela mente". Uma situação semelhante ocorre no campo da física, onde os modelos clássicos persistem, embora seus proponentes sejam incapazes de explicar dados da relatividade, da física quântica ou da visão remota.

**Reencontro com a Alma*, Editora Cultrix, São Paulo, 1992. (Fora de catálogo.)

***As Palavras Curam*, Editora Cultrix, São Paulo, 1996. (Fora de catálogo.)

A Era II, de acordo com Dossey, descreve as abordagens médicas mente-corpo, que envolvem o efeito psicossomático da consciência de uma pessoa sobre seu próprio corpo — a ideia de que o que você pensa afeta a sua saúde. A medicina da Era II reconhece efeitos causados pela mente, mas essa ainda é vista como uma função da química e da anatomia do cérebro. A Era II reconhece a conexão entre cérebro, mente e órgãos. Suas terapias envolvem medicina psicossomática e incluem aconselhamento, psicoterapia, hipnose, *biofeedback*, visualização de imagens para autocura e técnicas de relaxamento, bem como psiconeuroimunologia. As Eras I e II são semelhantes pelo fato de ainda considerarem que a mente se localiza no corpo, bem como no tempo presente.

Na década de 1990, entramos na Era III das terapias médicas. Apesar dos importantes avanços da medicina da Era II, os pesquisadores estão reconhecendo que ela é incompleta. Na medicina da Era III, concebe-se que a mente não está confinada pelo espaço (cérebro ou corpo) nem pelo tempo (experiência presente). Reconhecemos que a nossa mente não local pode afetar a cura tanto no interior do corpo como entre as pessoas. As modalidades de cura sem contato entre pessoas na presença uma da outra, bem como entre pessoas distantes uma da outra, tornam-se possíveis com a mente não local. É esse último elemento — a distância — que distingue a medicina da Era III. Dossey resume a situação da seguinte maneira:

> Depois de examinar minuciosamente esse corpo de dados durante quase duas décadas, passei a considerá-lo como um dos segredos mais bem guardados da ciência médica. Estou convencido de que os efeitos a distância, não locais, são reais e de que a cura acontece.[19]

As modalidades de cura obtidas por todas as três categorias podem ser altamente eficazes em certas situações e sob as condições certas. O leque mais amplo de terapias que se tornaram disponíveis com cada nova era da medicina não extinguiu o valor das metodologias de cura de outra era. Em vez disso, as terapias de cura de cada era complementam as abordagens adotadas nas outras. Muitas pessoas não compreendem isso e acham que um modo de cura deve ser sacrificado para que se adote outro.

Modos de cura

Que tipos de cura nós vemos na medicina da Era III? A imposição das mãos constitui provavelmente a mais antiga forma de cura em qualquer medicina tradicional ou não tradicional. Nós a encontramos na Bíblia e na prática atual do Reiki. Há muitos anos, eu tive o privilégio de fazer um curso sobre cura energética por meio da imposição das mãos, ministrado por Bernard Gunther, mestre nessa arte, no Instituto Esalen. Bernard aprendeu a se manter concentrado na compassiva troca de energia com o paciente e ensina outras pessoas a fazer o mesmo.

O passo seguinte na direção da cura a distância seria o Toque Terapêutico sem Toque, conforme ensinado por Dolores Krieger e Janet Quinn, ambas professoras de enfermagem em Nova York. Krieger e Quinn têm ensinado a dezenas de milhares de enfermeiras técnicas de visualização extremamente bem-sucedidas que lhes permitem focalizar suas energias e intenção de cura sobre seus pacientes em ambiente hospitalar sem que suas mãos jamais toquem o corpo do doente. Barbara Brennan, fundadora de sua própria escola de cura em Long Island, também pode ser descrita como uma agente de cura energética. Todas elas ensinam seus alunos a sentir, visualizar e vivenciar várias modalidades de cura energética, psíquica ou vital, seja com contato físico ou não.

No plano da cura sem contato físico, há dois modos de operação: cura psíquica e cura espiritual. O agente de cura psíquico promove a cura de uma pessoa distante por meio do exercício da vontade. O agente de cura espiritual, por outro lado, promove a cura por meio de uma conexão de sujeição plena a um poder superior. Patricia Sun é uma famosa agente de cura desde a década de 1970. Certa vez, durante um jantar, perguntei-lhe sobre essa distinção. Ela respondeu: "Eu tenho de admitir: faço tudo sozinha." Numa entrevista recente pela

Internet, Patricia Sun contou como seus talentos para a cura se manifestaram pela primeira vez:

> Eu tinha ido para a Universidade da Califórnia, onde me formei em preservação ambiental e em psicologia, e trabalhava havia dois anos com terapia familiar. Durante esse tempo, no início da década de 1970, eu "me abri". Comecei a ler as pessoas. Comecei a conhecer intuitivamente. Uma das primeiras coisas que aprendi foi a respeito dos hemisférios esquerdo e direito do cérebro. O hemisfério esquerdo era na verdade o receptivo. E, durante as sessões de terapia familiar, desde o início, eu percebia uma diferença no meu modo de pensar quando estava de fato ajudando a pessoa e quando estava preocupada apenas em estar certa e tentando descobrir o que estava errado com a pessoa e mesmo confiando no que aprendera em meu treinamento. Eu era menos eficaz. Na verdade, isso polarizava as pessoas. Quando eu mudava para o lado suave da minha mente e simplesmente sentia amor pela pessoa e me abria para o que quer que fosse útil para ela, coisas diferentes aconteciam. Eu tinha vislumbres, eu via algo. Eu me lembro de uma senhora que, certa vez, começou a chorar e o que eu captei, embora não soubesse de que modo, era algo que lhe havia acontecido, o trauma que causara o problema que nós vínhamos discutindo. Então, eu estava trabalhando com pessoas e, em duas ou três sessões, elas tinham tremendos vislumbres esclarecedores. Percebi que aquilo não era a terapia comum e que talvez eu realmente não quisesse ser terapeuta de acordo com o modelo adotado pela psicologia.[20]

Olga e Ambrose Worrall estavam entre os mais famosos agentes de cura espirituais dos Estados Unidos de meados do século XX. Ambrose era engenheiro durante o dia, mas ele e a mulher prestavam semanalmente serviços de cura em sua New Life Clinic numa igreja metodista em Baltimore, Maryland. Todas as semanas, às vezes mais de trezentas pessoas compareciam procurando cura. Durante as sessões matinais na igreja, eles ministravam cura por imposição das mãos, que Olga dizia ser uma parte importante do desenvolvimento de um agente de cura espiritual neófito.

Os Worrall, porém, eram provavelmente mais conhecidos pelas curas a distância que promoviam a partir de sua casa, à noite. Todas as noites, às 21 horas, eles observavam um período de cinco minutos de silêncio para a cura de ausentes. Eles incentivavam as pessoas que precisavam de cura para que os "sintonizassem" e se juntassem a eles nesses minutos de prece. Milhares de pessoas que acreditavam ter sido ajudadas pelas preces de cura a distância dos Worrall escreviam cartas de agradecimento; essas cartas foram arquivadas no Worrall Institute, em Springfield, Missouri. Olga descreveu assim a sua abordagem de desapego (*letting-go*) ou "de plena entrega" que a levou a se tornar um canal para a cura espiritual:

> A energia que vem do campo universal de energia se torna disponível para o agente de cura por meio do ato de sintonizar o seu campo de energia pessoal, em uma relação harmoniosa, com o campo universal de energia (...). Desse modo, ele age como um condutor entre o campo universal de energia e o paciente.[21]

Cura a distância no laboratório

Em seu livro *Healing Research*, de 1993, o psiquiatra Daniel Benor examinou mais de cinquenta estudos controlados vindos dos mais diversos lugares do mundo inteiro. Ele reviu experimentos de curas psíquicas, mentais e espirituais realizados sobre vários organismos vivos: enzimas, culturas de células, bactérias, fungos, plantas, animais e seres humanos. Mais da metade dos estudos demonstrava a ocorrência de cura significativa. Seu livro de 2001, *Spiritual Healing*, descreve mais de 120 estudos científicos.[22]

Um estudo sobre a prece e a AIDS

Um estudo — que constituiu um marco —, realizado por Fred Sicher, pela psiquiatra Elisabeth Targ e outros, foi publicado na edição de dezembro de 1998 do *Western Journal of Medicine*, descrevendo uma pesquisa sobre cura conduzida no California Pacific Medical Center (CPMC).[23] Essa pesquisa detalha e descreve os efeitos terapêuticos positivos da cura a distância, ou intencionalidade de cura, sobre homens em estágio avançado de AIDS.

Nesse periódico médico dedicado à medicina convencional, os pesquisadores definiram a cura não local, ou a distância, como "uma consciente e deliberada atividade mental destinada a beneficiar o bem-estar físico e/ou emocional de outra pessoa a distância", acrescentando que se pode encontrar esse tipo de cura sob alguma forma em praticamente todas as culturas ao longo da história. Sua pesquisa apresentou a hipótese de que uma intervenção de cura a distância intensiva durante dez semanas feita por experientes agentes de cura espalhados pelos EUA beneficiaria os resultados médicos de uma população de pacientes em estágio avançado de AIDS na área da Baía de San Francisco.

Os pesquisadores executaram dois estudos separados, aleatórios, duplos-cegos: um estudo-piloto envolvendo vinte sujeitos, todos homens, agrupados em pares de acordo com o número de doenças características da AIDS, e um estudo que o reproduziu, com quarenta homens cuidadosamente combinados em pares por idade, contagem de células T e número de doenças características da AIDS. As condições dos participantes foram avaliadas por meio de exames de sangue e psicométrico feitos no momento de sua inscrição, depois da intervenção de cura a distância e novamente seis meses mais tarde, quando os médicos reviram seus prontuários.

No estudo-piloto, quatro dos dez sujeitos de controle morreram, enquanto todos os sujeitos do grupo que recebeu tratamento sobreviveram. Mas esse resultado possivelmente foi confundido pela distribuição desigual por idades nos dois grupos.

No estudo reproduzido, homens com AIDS foram novamente recrutados na área da Baía de San Francisco. Dessa vez, eles foram emparelhados de maneira mais completa, conforme descrito acima. Disseram-lhes que a probabilidade de eles ficarem no grupo de controle era igual à de ficarem no grupo que receberia tratamento, de 50%, portanto.

Quarenta agentes de cura a distância espalhados por todas as partes do país participaram do estudo. Cada um deles tinha mais de cinco anos de experiência em sua modalidade particular de cura. Entre eles havia cristãos, judeus, budistas, índios norte-americanos e seguidores de tradições xamânicas e de escolas "bioenergéticas" seculares. Cada paciente do grupo para o qual a cura se dirigia foi tratado por um total de dez agentes de cura diferentes em sistema de rodízio. Os agentes de cura eram solicitados a trabalhar sobre o sujeito que lhes havia sido designado durante aproximadamente uma hora por dia, por seis dias consecutivos, com instruções de "dirigir uma intenção de saúde e bem-estar" para o sujeito. Nenhum dos quarenta sujeitos do estudo jamais havia encontrado os agentes de cura, nem eles ou os experimentadores sabiam em que grupo qualquer um deles havia sido aleatoriamente colocado.

Depois de cinco semanas, na metade do tempo programado para o estudo, nenhum grupo de sujeitos tinha como saber se era alvo de tratamento ou não. No final do estudo, porém, havia muito menos doenças oportunistas* no grupo de tratamento, o que permitiu que seus integrantes se identificassem como tal — com probabilidades significativas em relação ao acaso. Como todos os sujeitos estavam sendo tratados com o coquetel de três drogas (AZT, $_3$TC e um inibidor de protease), não houve óbito em nenhum dos grupos. O grupo de tratamento experimentou resultados médicos e de qualidade de vida significativamente melhores (probabilidade de 100 para 1) em muitos indicadores quantitativos, incluindo um número menor de visitas ao médico (185 *versus* 260) dos pacientes não internados; menor número de dias de internação hospitalar (10 *versus* 68); doenças menos severas adquiridas durante o estudo, conforme avaliação por índices de gravidade de doenças (16 *versus* 43); e significativamente menos sofrimento

*Doenças que ocorrem porque o sistema imunológico está com baixa resistência. (N. R.)

emocional. Em seu resumo, Elisabeth Targ concluiu: "Menos visitas ao hospital, menos enfermidades graves novas, e grande melhoria na saúde subjetiva do sujeito corroboram a hipótese dos efeitos terapêuticos positivos da cura a distância."

O editor da revista apresentou o artigo da seguinte maneira: "O artigo publicado abaixo se propõe a fazer avançar a ciência e o debate. Foi revisto, revisado e novamente revisto por especialistas em bioestatística e medicina complementar nacionalmente conhecidos. Nós resolvemos publicar este provocativo trabalho para estimular outros estudos sobre cura a distância, bem como outras práticas e agentes complementares. É tempo de mais luz, menos obscuridade, menos calor [menos discussões]."

Outras demonstrações clínicas de cura a distância

Dois outros estudos balanceados, duplos-cegos, sobre cura a distância foram publicados em prestigiosas revistas médicas. Em 1988, o médico Randolph Byrd publicou, em *Southern Medical Journal*, uma bem-sucedida demonstração de cura a distância usando o método duplo-cego. O estudo envolveu 393 pacientes cardíacos do San Francisco General Hospital.[24] Em 1999, o cardiologista William Harris, da Universidade de Missouri, em Kansas City, publicou um bem-sucedido estudo semelhante, com 990 pacientes cardíacos.[25]

Os resultados de todos os três experimentos clínicos se afastam significativamente da expectativa do acaso. Porém, o trabalho de Sicher e Targ requereu menos de um décimo do número de pacientes envolvidos nos outros estudos para obter a mesma significância. Uma explicação possível para esse maior tamanho do efeito $[Z/(N)^{1/2}]$ é o fato de que Sicher e Targ trabalharam com agentes de cura que contavam, cada um deles, com mais de cinco anos de experiência com cura, enquanto os outros pesquisadores trabalharam com pessoas bem-intencionadas, mas bem menos experientes.[26]

Uma análise detalhada de 23 estudos clínicos de prece intercessora e cura a distância foi publicada recentemente por John Astin e colaboradores em *Annals of Internal Medicine*.[27] Um exame de dezesseis estudos que, segundo eles, apresentavam planejamentos duplos-cegos adequados mostrou um tamanho do efeito relativamente grande, de 0,4, com uma significância global de 1 em 10.000 para 2.139 pacientes. Além disso, duas excelentes análises de estudos sobre os mecanismos de intencionalidade a distância e de cura a distância foram publicadas em *Alternative Therapies in Health and Medicine*, por Marilyn Schlitz e William Braud[28] e por Elisabeth Targ.[29]

Capítulo 7

Por que se preocupar com a PES?

A descoberta de que você é o amor que você busca

Se você não descobriu quem você é de verdade, a sua presumida competência é apenas uma parede de areia contra a onda que se aproxima.

— Tarthang Tulku

A visão remota não é necessariamente um caminho espiritual, mas pode conduzir-nos nessa direção, fornecendo-nos instrumentos para aquietar a mente e experiência para seguir algumas das trilhas muito palmilhadas que têm sido descritas durante milênios. E o que é ainda mais importante: a nossa experiência com visão remota demonstra sem sombra de dúvida que podemos aprender a expandir a nossa percepção não condicionada através do espaço e do tempo — para explorar diretamente a existência atemporal descrita pelos místicos.

Permitir que a sua percepção se expanda e atinja esse sentimento de vastidão é uma das recompensas dessa prática; você abre os portões e para fora deles surge quem você é.

Cada vez se reconhece mais que a nossa saúde física e mental requer que tomemos a iniciativa pessoal de controlar a tagarelice da nossa mente. A mente quieta tem a oportunidade de vivenciar o que Jesus chamou de "a paz que ultrapassa todo o entendimento". Como descrevi anteriormente, entre o influxo da visão remota e o fluxo para fora da cura espiritual, podemos vivenciar a paz avassaladora e a conexão oceânica que estão disponíveis a cada um de nós no presente momento. No presente, não há percepção nem intenção — apenas pura consciência. A nossa capacidade para compartilhar essa experiência de liberdade, amor e vastidão é o que dá sentido à nossa vida. Entretanto, com a nossa atual tecnologia da televisão, dos *videogames*, dos computadores e dos e-mails, corremos o risco de nunca mais termos um momento de quietude. Isso representa a maior perda que poderíamos experimentar.

Carl Sagan foi um grande astrônomo e um celebrado professor, mas achava a ideia de Deus incompreensível.[1] Por que esse homem brilhante não conseguiu encontrar Deus? Com base nas minhas observações e leituras, acredito que foi porque sua mente jamais conseguiu ficar quieta. Além disso, como astrônomo, ele pensava que Deus estaria do lado de fora, não do lado de dentro. Telescópios poderosos não nos ajudarão em nossa busca por amor, paz ou Deus.

Na verdade, muito sofrimento é causado quando procuramos do lado de fora aquilo que na verdade está em nosso interior. Acredito que a prática espiritual que funciona para o século XXI consiste, antes de mais nada, em desejar decididamente nos libertarmos da percepção e da consciência condicionadas da nossa história e do nosso passado, e então encontrar uma maneira de nos aquietarmos. O caminho que estou descrevendo afirma que a existência de Deus é uma hipótese que pode ser testada. O místico norte-americano Joel Goldsmith nos diz que Deus não é uma entidade, mas, em vez disso, que "Deus pode ser vivenciado como uma atividade em nossa consciência", como um fluxo de percepção amorosa. Muitos mestres de sabedoria parecem concordar que, para descobrirmos quem realmente somos, temos de encontrar um caminho que nos permita superar o medo, a cobiça e o desejo, e em seguida aquietar a mente, apesar de todas essas propagandas planejadas para criar necessidades que nos fazem sofrer.

Ensinamentos ao longo do caminho da quietude

A respeito desse importante tema de coisas e necessidades na nossa vida, minha professora Gangaji escreveu:

> Eu o convido a não se apropriar de coisa alguma. Vê que alívio isso já é? Já existe uma abertura. Eu o convido a não se lembrar de coisa alguma, a não reter coisa alguma, a não usar coisa alguma, a não acumular coisa alguma, a não ter coisa alguma quando você sair por aquela porta. Que tal não ter coisa alguma agora mesmo? E se conseguir de fato escutar isso, então você terá de fato escutado o que eu tenho para ensinar, porque no momento de não ter nada, que é o momento da morte, acontece a revelação de quem você é. Mas quem você é não precisa de nada, e você tem a capacidade do nada para realizar a si mesmo inteiramente. Não o "nada" como você pensaria que o "nada" é — algo inútil. E não o "nada" que você esperaria que o "nada" fosse — algo que viria a ser muito útil. Você poderia dizer: "Bem, eu não tenho nada, de modo que agora sou livre." Nem isso tampouco.
>
> Então surge a conversa que naturalmente acontece, quer com palavras ou não. Há uma transmissão de mente para mente, de coração para coração, que acontece naturalmente, sem esforço. É para isso que estamos aqui.[2]

O padre Thomas Keating, um reverenciado sacerdote católico e místico que ensina a oração centrante, diz: "O primeiro idioma de Deus é o silêncio. Tudo o mais é má tradução."[3]

"Tu és isto" é o tema recorrente dos Vedas e do Bhagavad Gita. Esse é o resumo taquigráfico védico do ensinamento profundo segundo o qual nós já temos o universo inteiro dentro de nós, dentro da nossa percepção. Isso, é claro, inclui o amor que buscamos fora de nós mesmos.[4] O músico contemporâneo e professor Kenny Werner escreveu em seu inspirador livro *Effortless Mastery*: "Diz-se que uma gota de êxtase do Eu, o Deus dentro de nós, torna insignificantes todas as outras buscas. Nesse ponto, aquele que busca encontra tudo por que buscava."[5]

A minha meta pessoal tem sido, há anos, transformar um cientista aeroespacial num ser humano. Acredito que um ser humano possa experimentar mais sentido na vida e mais paz de espírito do que um cientista aeroespacial.

Tenho sido cientista profissional há mais de quarenta anos nos campos da física do *laser* e da pesquisa parapsicológica. Embora formado em física, ao longo dos últimos 25 anos de alguma maneira fui coautor de cinco livros — todos com a palavra "mente" no título. Embora a física procure revelar os mistérios do universo material, ela, curiosamente, tem pouco a dizer sobre a mente ou consciência. Ao longo dos anos, eu me tornei apaixonado em minha busca por entender a natureza da consciência e de que modo ela permite que a nossa percepção transcenda o espaço e o tempo — porque, com efeito, ela transcende.

Por mais de uma década, trabalhei arduamente com cerca de cem colegas engenheiros nos poços de escravos aeroespaciais de um grande empreiteiro da área de Defesa em Palo Alto, Califórnia. Eu era bem pago, e havia criado um empolgante programa de pesquisa para colocar *lasers* em aviões comerciais, o que lhes permitiria detectar e evitar os riscos de ventos perigosos. Chegamos a projetar um sistema para executar esse tipo de sensoreamento remoto a *laser* para o espaço exterior, o que me levou a pensar em mim mesmo como um "cientista aeroespacial". O lado ruim da história é que o meu espaço interior ficou cheio de medo, ressentimento, raiva e desespero.

Consegui mudar de uma mentalidade de escravidão ao salário, uma mentalidade de medo e desespero, para uma vida voltada cada vez mais para a gratidão e o amor. Meu propósito ao escrever o presente livro é o de ser útil — ajudar outras pessoas a encontrar a paz que agora encontrei. Pode ser difícil de imaginar, mas o amor significativo que está disponível para nós transcende namoradas, namorados, romance ou sexo. O amor a que me refiro é aquele que existe em nosso âmago. Se você for vigilante, ninguém jamais pode separá-lo desse amor.

Aprendi sobre esse amor por meio da graça da mestra espiritual Gangaji, uma brilhante, bela e compassiva mulher e mística norte-americana. Ela ensina autoinvestigação segundo a tradição *advaita* e de Ramana Maharshi, um homem santo indiano.[6] Foi por meio da transmissão amorosa de Gangaji que fiz a transição, oito anos atrás, de cientista rígido para alguém mais solto e flexível — um ser humano mais sereno e feliz. Depois de uma semana de retiro com Gangaji nas montanhas do Colorado, retornei para a minha mesa na Lockheed Missiles & Space e lhes disse, com a maior facilidade, que eu estava largando o emprego. Não que houvesse algo errado com o meu trabalho, mas o fato é que ele havia se tornado um modo absurdo de despender a minha vida. Eu me lancei em um caminho diferente rumo à vastidão que não requer mísseis.

A mente, quando quieta e aberta, tem a oportunidade de ser inundada de amor. Os budistas chamam isso de "percepção indiferenciada". Assim como o amor é o ensinamento central do cristianismo, a experimentação da nossa percepção sem limites e indiferenciada (*sunyata*)[7] é um dos principais ensinamentos do budismo. Esse é o ensinamento do "vazio, vazio, feliz, feliz — enquanto no Vale do Silício, onde vivo, "cheio, cheio, feliz, feliz" é a meta usual. A princípio, essa última meta parece uma boa ideia, mas, ao longo dos milênios, percebeu-se que ela invariavelmente falha, pois o fantasma faminto do ego nunca tem o bastante. O fantasma faminto tem barriga grande, boca minúscula e pescoço magro: por isso, nunca pode comer o bastante para sentir-se saciado.

Não o estou incentivando a acreditar em qualquer doutrina em particular, pois sei, pela minha experiência, que muitas pessoas, principalmente cientistas, prefeririam sofrer medo, ansiedade e depressão a acreditar em qualquer coisa que poderia ser considerada tola ou doutrinária. A tolice, para um cientista, é um destino pior do que a morte. Contudo, estou dizendo a você que a vida é mais, muito mais prazerosa no ponto em que me encontro agora.

Um curso em milagres

As principais pedras no caminho que me permitiram a travessia no caminho para a verdade e a liberdade foram fornecidas pelos ensinamentos de *Um Curso em Milagres*[8] e pelo budismo Dzogchen. A abordagem de *Um Curso em Milagres* para uma vida que tenha sentido foi adotada por milhões de pessoas desde a primeira publicação do livro, em 1975. O *Curso* chegou como um presente, não solicitado, na consciência de outro cientista, a dra. Helen Schucman, professora de psicologia clínica do Columbia-Presbyterian Hospital, em Nova York. Como você pode imaginar, a última coisa no mundo que uma professora judia de psicologia poderia estar à procura era a voz de Jesus em sua mente, murmurando ensinamentos espirituais e instruindo-a para que os transcrevesse. Mesmo assim, com o incentivo de seu colega Bill Thetford, ela redigiu tudo. As palavras que ela recebera continham tanta beleza e poder que têm inspirado e transformado a vida de pessoas no mundo inteiro, uma vez que foram traduzidas para vários idiomas.

Conheci Helen Schucman em 1976, quando o livro *Um Curso em Milagres* foi lançado pela minha querida amiga Judy Skutch. A dra. Schucman era uma mulher astuta, mordaz e engraçada. Mesmo depois de sete anos transcrevendo o *Curso* que lhe era ditado por uma voz interior, ela estava convicta de que não o entendia completamente. Eu tive uma primeira edição de *Um Curso em Milagres* fechada na estante por mais de quinze anos antes de Jane Katra me recomendar para que eu o lesse, o que fiz com o auxílio de um grupo de estudo. O livro saiu da prateleira quando finalmente ficou óbvio que a minha vida não estava dando certo ou me trazendo a felicidade que eu sentia que era possível. Eu me sentia infeliz no meu emprego, tinha ficado muito doente e meu casamento estava desmoronando. Em geral, é esse tipo de sofrimento que conduz as pessoas a uma busca espiritual.

A mensagem do *Curso* é transmitida sucintamente no pequeno e encantador livro de Gerry Jampolsky, *Love Is Letting Go of Fear*.[9] Esse é um maravilhoso livro de autoajuda que visa reduzir o sofrimento e estimular o aperfeiçoamento pessoal.

A linguagem de *Um Curso em Milagres* é bela, poética e às vezes difícil de entender. Palavras familiares são frequentemente usadas de maneiras não familiares — um modo eficaz de interromper a tagarelice da mente e nos forçar a abrir mão do julgamento e da análise. O objetivo do *Curso* é a autorrealização — uma aspiração mais elevada do que simplesmente limpar a casa. Ele explica que a separação entre nós e as outras pessoas é uma ilusão, assim como Jesus ensinou a "amar ao próximo como a ti mesmo". Esse preceito sobre separação é exatamente o mesmo ensinado nos Vedas, os mais antigos livros espirituais da Índia. O mais elevado ensinamento védico é o Advaita Vedanta não dualista e que não faz julgamentos. De acordo com esse ensinamento, embora o corpo de cada um de nós pareça separado dos demais, a nossa consciência não o é.

A não dualidade se refere à ideia de que a maioria das coisas não é verdadeira nem não verdadeira, mas sim o resultado da nossa projeção sobre elas. Os budistas ensinam que, cada vez que fazemos uma distinção, cometemos um erro e provocamos sofrimento. A não dualidade é um convite para desistir de todas as ideias de separação e julgamento (mas não necessariamente de discernimento). É importante percebermos a dualidade inerente ao monoteísmo religioso predominante. A ideia da existência de uma divindade onipotente, vingativa, fora de nós nos separa necessariamente da experiência direta do Deus interior. Essa abordagem é obviamente dualista e causa sofrimento desnecessário. A ideia de um Deus interior amoroso é não dualista e nos leva à paz.

Como descrevi no Capítulo 1, físicos em vários laboratórios ao redor do mundo demonstraram recentemente a verdade dessa conexão não local, que o físico David Bohm chamou de "interconexão quântica". A ideia de não separação é descrita com vigor no livro *One Taste* de Ken Wilber, em que ele escreve: "Corpo, mente e alma não são mutuamente excludentes. Os desejos da carne, as ideias da mente e as luminosidades da alma — todos constituem expressões perfeitas do espírito radiante que habita sozinho o universo."[10] Wilber afirma que isso reflete a importante verdade segundo a qual, embora possamos abrir a mão apenas em sua extensão máxima, não existe limite que retrinja a expansão da nossa mente.

Além de ter algumas fortes raízes em comum com Vedanta, para mim parece claro que *Um Curso em Milagres* tem vários pontos significativos em comum com a filosofia nada religiosa do existencialismo, como é ensinada por Jean-Paul Sartre. Assim como o pensamento de Sartre, o *Curso* ensina que nós mesmos conferimos sentido a tudo o que experimentamos, o que nos proporciona liberdade absoluta, juntamente com responsabilidade absoluta. Sartre ensinou que a liberdade constitui a condição ontológica (relativa à existência) inevitável do homem. A depressiva "ausência de sentido" de Sartre advém do fato de que, embora ele soubesse que detemos total controle e responsabilidade por tudo o que fazemos, ele aparentemente não se dava conta de que exercemos o mesmo controle sobre os nossos pensamentos — dos quais extraímos o nosso sentido. Do mesmo modo, o *Curso* afirma: "O que vejo reflete um processo em minha mente, que se inicia com a minha ideia do que quero."

Nessa mesma linha, os budistas diriam que a impermanência e a dor não podem ser evitadas, mas o sofrimento é opcional; o sofrimento resulta do apego às nossas "histórias" e ao nosso medo, e de confundir o nosso corpo com o nosso verdadeiro eu — a essência da percepção condicionada. De maneira semelhante, o *Curso* diz que o corpo serve apenas para aprendizado e comunicação; embora residamos aqui como corpos, estes não constituem o que somos. Quanto mais nos apegamos às nossas coisas, ao nosso corpo e ao corpo de outras pessoas, mais nos abrimos a um sofrimento incessante. Isso ocorre porque, quando ganhamos "o prêmio" — quem ou o que quer que seja esse prêmio —, a felicidade vem e vai em um microssegundo e nós voltamos ao nosso estado anterior de não realização e desejo. A felicidade nunca se completa, apenas se desenrola como um processo.

Eu aprendi que um milagre é uma mudança na percepção, e não algum tipo de ocorrência sobrenatural. Mudanças na nossa percepção alteram o modo como experimentamos os acontecimentos em nossa vida. *Um Curso em Milagres* afirma que os milagres ocorrem naturalmente e que, à medida que mudamos nosso ponto de vista, alteramos a nossa percepção de tempo e espaço. As conexões não locais de que os físicos falam foram experimentadas e descritas em detalhe há 2.400 anos e registradas como os Sutras de Patanjali, como discutimos no Capítulo 1. Esses antigos ensinamentos, que são notavelmente coerentes com a física moderna, são reiterados em *Um Curso em Milagres*, bem como em outras tradições esotéricas.

A filosofia perene de Huxley, descrita no Capítulo 1, sustenta que temos uma natureza dual — tanto local como não local, tanto material como imaterial — e que a parte não material é eterna, sobrevivendo à morte do corpo.[11] Também ensina que o propósito e o sentido essenciais da nossa vida consiste em tornar-nos um com essa consciência universal não local, que está sempre disponível para nós. Ou seja, o propósito da vida é nos tornarmos um com Deus e, por meio da compaixão, ajudar outras pessoas a fazer o mesmo.

Em seu texto de introdução ao Dzogchen, *Kindly Bent to Ease Us*, Longchenpa discute a importância vital de buscarmos um sentido em nossa vida e nos faz a seguinte advertência:

> Se uma pessoa deve iniciar sua jornada de busca pelo sentido da vida, ela já precisa ter a convicção de que a vida tem um sentido e precisa ter uma visão a respeito da sua significação. Se, nesta vida, você não fizer bom uso da sua existência, na vida futura *não ouvirá as palavras* "feliz forma de vida".[12]

O psiquiatra judeu Viktor Frankl passou três anos em um campo de concentração alemão, mas mesmo assim foi capaz de reconhecer que a cada dia precisamos escolher entre abrir o coração ou perecer. Em seu livro inspirador, *Man's Search for Meaning*, ele nos conta que mesmo sob as torturantes condições dos campos de morte, as pessoas tinham a liberdade espiritual de escolher as atitudes que desejavam incorporar. Frankl escreve: "É essa liberdade espiritual — que não nos pode ser tirada — que dota a vida de significado e propósito."[13]

Frankl também acreditava que o significado da vida advém da experimentação de algo maior do que nós. Esse "algo" — essa experiência da consciência unitiva, libertada do corpo ou da distância — é muitas vezes chamado de Deus ou de amor ilimitado. É uma experiência, não uma crença. O romancista Henry Miller nos diz: "O objetivo da vida não é ter poder, mas irradiá-lo."[14]

O *Curso* também me ajudou a perceber que encontramos propósito e sentido abrindo mão do ego e da separação em função do amor que jaz em nosso âmago e auxiliando outros a fazer o mesmo. Esse é o "significado da vida" que Monty Python não nos revelou no seu popular filme com esse título. Esse ensinamento de grande ajuda é um objetivo constante em quase todos os ensinamentos espirituais: budista, hinduísta, judaico e cristão. *Um Curso em Milagres* afirma, acerca do nosso propósito:

> Eu estou aqui só para ser verdadeiramente útil ...
> Eu não tenho de me preocupar com o que dizer, ou com o que fazer,
> porque Ele que me enviou me dirigirá.

O uso do pronome "Ele" em referência a Deus tem apresentado grandes dificuldades para cientistas, feministas, existencialistas e muitos outros que refletiram sobre o significado da vida. Para muitas pessoas, esse Deus antropomórfico é o maior obstáculo para uma vida espiritual. Se Deus é apenas um homem, então a mente racional é levada a buscar sentido em outro lugar. Contudo, se Deus é a experiência da unicidade e da conexão oceânica que o místico sente quando medita e é inundado de amor, então podemos pensar em trilhar esse caminho. A grande descoberta é que você já tem dentro de si o amor que você acha que está procurando. Você é esse amor.

Não se trata de amor romântico, mas do amor transcendente de Deus, cuja experiência é chamada de *ananda*, ou êxtase espiritual, nas escrituras hinduístas. Trata-se de amor sem objeto. Entregar-se a esse amor se parece mais com estar imerso numa calda tépida e amorosa do que desejar algo de outra pessoa. Essa entrega abre um conduto de fluxo livre de amor para Deus. Nós podemos alcançar essa experiência por meio da meditação, da prece contemplativa ou com a assistência de um mestre talentoso. Muitos de nós também chegam a essa experiência por meio da leitura de *Um Curso em Milagres* e fazendo as lições do livro de exercícios que o acompanha.

Tal ensinamento pode ajudá-lo a abrir o coração, permitindo-lhe ver seus amigos e o mundo através dos olhos do amor. Com uma experiência assim, nem você nem o mundo continuarão sendo os mesmos. Muitos mestres da tradição Advaita podem ajudar e de fato ajudam o discípulo a ter uma experiência de abertura do coração, se este estiver pronto para ser aberto quando o discípulo encontrar o mestre. Tenho visto pessoas que são apanhadas totalmente desprevenidas e passam por mudanças definitivas em sua vida com a simples presença do mestre ou por meio de uma percepção meditativa reveladora. Quando os cristãos ensinam que Deus é amor, não se trata apenas de uma metáfora; isso pode ser considerado uma pura expressão mística ou gnóstica cristã daquilo que está disponível. Acredito que todos estejamos em busca dessa experiência. Às vezes, uma falta de conexão na vida de uma pessoa a deixa infeliz, doente ou zangada. Quando encontramos alguém que sofre essa desconexão com seu eu amoroso, o *Curso* nos lembra que cada encontro que temos "é uma expressão de amor ou um chamado para o amor". Na linguagem do *Curso*, só há o amor ou o medo.

Sou cientista e um ariano muito não conformista, de modo que a paciência não é um dos meus pontos fortes. Quando vou às compras ou me vejo às voltas com outras frustrações do cotidiano, quase sempre é difícil, para mim, lembrar que metade das pessoas do mundo tem QI abaixo de 100 ou que podem ser brilhantes, mas não falam o meu idioma. Porém, vejo que, embora sua experiência no mundo possa ser diferente da minha, sua busca pela experiência de Deus — ou amor — é a mesma. Cada encontro pode ser visto como um encontro sagrado com um companheiro de busca, que oferece uma expressão de amor ou um chamado para o amor. Mais uma vez: não podemos encontrar amor fora de nós mesmos. Em vez disso, precisamos olhar para dentro, para as barreiras do medo que erigimos contra o aparecimento do amor, que é uma experiência atemporal e frequentemente subliminal de Deus. Uma pessoa pode senti-la, mas não ter consciência do que está sentindo.

O poeta sufi Jelaluddin Rumi nos lembra de que vemos a nossa própria beleza nos outros. Em todos os caminhos místicos, a *experiência* de Deus é celebrada, e não a crença em Deus ou o ritual que cerca essa crença. Rumi escreveu:

> Durante todo o dia eu penso a respeito, então à noite eu digo.
>
> De onde vim e o que se espera que eu faça?
>
> Não tenho ideia.
>
> A minha alma veio de outro lugar, disso estou certo,
>
> E é lá que eu pretendo terminar.[15]

Perdão é a chave

Carregar um ressentimento é como carregar um carvão em brasa ou dar à pessoa que o magoou uma vida inteira de aluguel grátis em sua mente. Por que você iria querer uma coisa dessas? Em algumas famílias, os desentendimentos e ressentimentos perduram por anos e mesmo décadas. Nós perdoamos a pessoa que imaginamos que nos fez mal porque, para a nossa própria saúde mental, preferimos tirar dos ombros o fardo do passado em vez de carregá-lo para o presente.

Sei por experiência que esses sentimentos corroem a alma. Fui caluniado por um colega há vinte anos e, em consequência, perdi o emprego. Fiquei profundamente magoado com essa atitude egocêntrica de alguém que eu considerava um amigo. Dez anos atrás, quando me vi diante da possibilidade de recidiva de um câncer, conheci Jane Katra, uma agente de cura espiritual e treinadora do sistema imunológico que se tornou minha parceira de ensino por uma década. Jane me disse que, se eu quisesse tornar-me saudável, uma das muitas coisas que teria de fazer era livrar a minha mente de mágoas e ressentimentos do passado, porque eles limitam o livre fluxo de amor através da minha consciência e do meu corpo.

Aprendi que velhos ressentimentos — justificados ou não — são obstáculos para a saúde física e mental porque mantêm a mente presa ao passado. A nossa mente deve ficar tranquila, relaxada e aberta no momento presente para perceber a presença do amor e, assim, facilitar a cura.

Como resultado das sugestões de Jane, trabalhei a minha capacidade de perdoar. Liguei para o homem que me prejudicara e lhe disse que lamentava o desentendimento que tivemos. Ele respondeu que também sentia muito e não estava orgulhoso de muitas coisas que havia feito. Durante o almoço na semana seguinte, ele me deu vários registros fotográficos de pesquisas que fizemos juntos no passado, o que facilitou muito a publicação de um livro que eu estava escrevendo.

Parece que a capacidade de perdoar é um passo essencial na trilha para a paz. Não se trata de esquecer, mas sim do perdão e do desapego que curam todas as separações. Para mim, o perdão foi o primeiro passo rumo à paz e à cura.

O grande místico hinduísta Shankara ensinou que a coisa mais importante que temos a aprender é o discernimento entre realidade e ilusão. Nós então descobrimos que a maior parte do que pensávamos estar vivenciando era, na verdade, ilusão.[16] Além disso, os budistas ensinam que praticamente não existe nenhuma realidade objetiva nos nossos julgamentos, de modo que eles geralmente conduzem a erros e frequentemente ao sofrimento. Na nossa vida pessoal, o julgamento que fazemos dos outros sempre nos separa da ligação amorosa com Deus.

Na minha vida estável no Vale do Silício, parecia que um dia sem julgamento era como um dia sem sol. Meus julgamentos em relação aos outros, meu apego a posses materiais e a resultados estimados tinham como consequência medo e desespero, levando-me a correr sem capacete com minha moto pelas colinas. No passado, com meu apego a controle e julgamento, eu me defendia e inflava meu ego com futilidades, mas isso nunca funcionou. Desde que a minha meta se tornou viver permanentemente em estado amoroso, não quis mais poluir meu fluxo de pensamento ambiental com julgamentos e tagarelices. Descobri que ensinamentos tão diversos quanto o Advaita e a Cabala nos orientam a transcender nossas ideias limitadoras sobre quem pensamos que somos — egos e entidades separadas —, se quisermos ter liberdade.

Tenho um grande amigo que é um homem de negócios inteligente e perspicaz. Ele aprendeu a abrir seu caminho muitíssimo bem-sucedido no mundo por meio do uso astuto da sua capacidade de julgar e criticar, mesmo que, como resultado, ele seja vencido pela negatividade. Por muitos anos, eu me diverti ouvindo os ferinos quadros verbais que ele pintava de sua vida no distrito financeiro de San Francisco. Esses quadros eram povoados por pessoas cheias de defeitos brilhantemente retratadas. Nós ríamos juntos com o fato de as pessoas serem tão tolas — principalmente pessoas em posições de autoridade. Agora, porém, já não me divirto com esse tipo de conversa, que na verdade me cansa. Inacreditavelmente, perdi todo o interesse em participar desses julgamentos e até os considero dolorosos. Hoje percebo que esse tipo de cinismo e julgamento é na verdade perigoso para a minha saúde.

Escolher de novo

Aprendi a examinar as minhas premissas e escolher de novo, agora para encontrar a paz. Na década de 1950, a obra da filósofa e romancista Ayn Rand me ensinou que cada pessoa precisa ser um filósofo e continuamente "examinar suas premissas" em busca de contradições. Abrigar contradições nos deixa insanos e torna a nossa vida incoerente, impedindo-nos de alcançar os objetivos da nossa vida. *Um Curso em Milagres* ensina:

> Eu devo ter tomado a decisão errada porque não estou em paz. Eu mesmo decidi, mas posso decidir de outra maneira.[17]

O *Curso* nos incentiva a "escolher de novo". Acredito em paraíso e inferno, mas ambos estão na minha mente. Quando estou alegre e sereno, estou no paraíso. Quando estou zangado e cheio de medo, estou no inferno. E em cada momento posso escolher de novo. O poeta John Milton expressou isso com perfeição: "A mente é o seu próprio lugar e dentro de si pode fazer do inferno um paraíso, do paraíso um inferno."[18]

O anseio por Deus que nosso coração vivencia é, na verdade, reflexo da nossa ligação real com Deus. Podemos acordar todas as manhãs com gratidão por outro dia de possibilidades ilimitadas. Para mim, repousar em Deus reflete a ideia cristã da "prece incessante". Não significa passar o dia inteiro implorando e murmurando preces. Significa viver o cotidiano com consciência da nossa ligação com Deus e com os outros. É uma consciência de gratidão em relação a cada respiração e a cada folha verde. Aprendi até a ser grato pelo sinal vermelho no trânsito porque me dá um minuto ou dois sem interrupção, tempo em que não tenho outra coisa a fazer além de sentir gratidão por tudo em minha vida — a beleza da paisagem, com o topo das árvores se fechando sobre nós, a luminosidade dourada de uma tarde californiana. Ou posso optar por golpear o guidão da minha motocicleta e praguejar contra a demora na mudança para o sinal verde. A escolha é toda minha.

Em relação à visão remota e sua ligação com a espiritualidade, o *Curso* levanta a questão em seu "Manual para Professores": "Será que os poderes 'paranormais' são desejáveis?" E responde da seguinte maneira:

> Não existem, é claro, poderes "não naturais" e inventar um poder que não existe é obviamente um mero apelo à mágica. Entretanto, é igualmente óbvio que cada indivíduo tem muitas habilidades das quais não está ciente. Na medida em que a sua consciência aumenta, ele pode muito bem desenvolver habilidades que lhe parecerão muito surpreendentes. No entanto, nada do que ele possa fazer pode se comparar, mesmo que de leve, à gloriosa surpresa de se lembrar quem ele é.

O *Curso* ensina continuamente que, se você não gosta do que está vivenciando, "escolha novamente". De maneira semelhante, Dzogchen nos diz (numa ladainha entediante) que *samsara* (o mundo do sofrimento cotidiano) e *nirvana* (o mundo da paz e do êxtase) são simplesmente duas percepções da mesma realidade. Mais uma vez, o ensinamento é que essas são apenas ideias nutridas em nossa mente e projetadas na nossa experiência do mundo. Mas é possível escaparmos dessa prisão. A liberdade fica acessível quando nos tornamos conscientes desse processo.

Namkhai Norbu é um mestre Dzogchen contemporâneo que mora na Itália. Ele escreveu muitos livros; um dos mais acessíveis e inspiradores é *The Mirror: Advice on the Presence of Awareness*. Ele tenta, por meio da transmissão direta, estimular o leitor a sair da consciência condicionada e ingressar numa existência atemporal. Os objetivos são as experiências da liberdade e da vastidão. Ele escreve:

> O Dzogchen não lhe pede para mudar de religião, de filosofia ou de ideologia, nem lhe pede para se tornar alguém diferente de quem você é. Só lhe pede para observar a si mesmo e para descobrir a "gaiola" que você construiu com

o seu condicionamento e seus limites. E o ensina a sair dessa gaiola sem criar outra, para se tornar uma pessoa livre e autônoma.[19]

A mensagem de *The Mirror*, como todos os ensinamentos Dzogchen, é de clareza cristalina e "prístina percepção": é crucialmente importante para cada um de nós lembrar, e permanecer consciente, de que somos o espelho e não todas as coisas caóticas que nele se refletem. Norbu diz especificamente: "Você é o espelho, não o reflexo." Ele discute até que ponto a mente condicionada é fonte de sofrimento. Para residirmos continuamente no fluxo da percepção amorosa, precisamos bloquear o fluxo do rio do nosso descontentamento. Seguindo uma analogia mais ampla do rio, ele nos diz que o rio precisa ser bloqueado em sua nascente e não depois que se tornou uma imensa torrente. Do mesmo modo, para nos livrarmos de uma gigantesca erva daninha do nosso jardim, não adianta podar suas folhas e ramos; é preciso arrancá-la pelas raízes. E, é claro, a fonte e a raiz do nosso sofrimento estão em nossa mente e em nossos julgamentos. A poda necessária não pode ser feita por meio de "atos virtuosos". Vestir um cilício para atormentar o corpo, privar-se de alimento ou negar a própria sexualidade natural não nos trarão a liberdade. Precisamos abolir a mente condicionada a fim de "conquistarmos o reino e alcançarmos a liberdade".

O conselho de Longchenpa em "The Jewel Ship" é tão poderoso hoje quanto na época em que foi escrito, no século XII.* Ele descreve as "cinco paixões da existência condicionada". Elas definem as grades tão familiares da gaiola de onde Norbu está nos ajudando a fugir — ou a despertar para o fato de que na verdade não estamos dentro de gaiola alguma. Longchenpa não quer que nos fixemos nesses obstáculos à liberdade; ele sugere que devemos apenas percebê-los e deixá-los ir. As cinco paixões de que precisamos nos livrar são:

*Longchenpa, ou Longchen Rabjampa, viveu, na verdade, no século XIV, de 1308 a 1364 ou 1369. (N. T.)

1. Luxúria: não a confunda com amor nem permita que ela governe a sua vida (a luxúria sempre envolve algo externo que se quer obter).
2. Raiva: sempre a serviço do pequeno eu ou ego ("Não é assim que eu quero!").
3. Arrogância: estar inflado com um infinito nada; a trágica confusão que mistura quem somos com nossa própria história.
4. Ciúme: ignorar o fato de que já temos dentro de nós amor ilimitado e tudo o mais que podemos querer.
5. Estupidez: saber a verdade e não escolher em conformidade com ela.

Assim como em relação aos sete "pecados capitais", cada um de nós terá a sua favorita pessoal entre as cinco paixões.

Ao escrever sobre as paixões de que são feitas as nossas gaiolas, não posso evitar pensar na nossa querida Marilyn Monroe. Todos a amavam. Marilyn Monroe tinha dinheiro, beleza, fama, segurança, meios de expressão e grande reconhecimento. Como essas são coisas que todos buscamos, e ela as tinha em abundância, por que tentou o suicídio tantas vezes — e por fim obteve êxito?

Neste ponto do capítulo, todos conhecemos a resposta: ela não tinha ideia de quem era. Criou "Marilyn Monroe" como uma suprema realização da arte cênica. Tanto Lee Strasberg, do Actor's Studio, quanto o dramaturgo Arthur Miller pensavam nela como uma das maiores atrizes do século. Sua tragédia foi acreditar que seus pôsteres, sua *persona* construída e seu cartão de visita representavam quem ela era, em vez de ser apenas sua história.

Minha mestra Gangaji escreveu um pequeno e extraordinário livro chamado *Freedom and Resolve*, em que descreve o caminho da autoinvestigação e a questão de vida e morte de descobrirmos quem somos.[21] Num capítulo intitulado "A história de 'Mim'", ela nos faz ver a necessidade inevitável de reconhecermos a importância da nossa história pelo que ela é, e então — apesar dos protestos do nosso ego — renunciar a ela. Gangaji escreve:

O primeiro desafio é reconhecer que você está contando uma história. Depois, consiste em estar disposto a morrer e, nisso, estar disposto a não ser absolutamente nada. Então, isso que chamamos de Eu (*Self*) ou Verdade ou Deus revela-se como sendo exatamente a mesma não coisa. Você se reconhecerá como essa não coisa.

Eu interpreto isso usando o seguinte exemplo: em geral, os engenheiros da Lockheed trabalham lá a vida inteira — trinta anos ou mais. Quando se aposentam, frequentemente sobrevivem por um tempo surpreendentemente curto. Pelos meus cálculos, morrem significativamente mais cedo do que o número de anos restantes que qualquer estimativa atuarial poderia prever, numa probabilidade de 20 para 1. Isso é assustador para quem trabalhou lá. Desconfio que a razão para essa morte prematura tenha algo a ver com o fato de que os cartões de visita (ou cartões de "história") vindos de lá definem o funcionário como "Engenheiro da Lockheed (ou Boeing)". Quando se aposenta depois de uma vida inteira de serviço, a pessoa subitamente se torna nada. Essa é a rigorosa penalidade que uma pessoa paga por acreditar em sua própria "história".

Todas as pessoas têm exigências fundamentais para garantir a sua paz de espírito e a sua felicidade: segurança (alimento e abrigo), expressão dos sentimentos interiores, reconhecimento como pessoa e sentimento de pertencer a alguma coisa. Viktor Frankl ensina que, para que a nossa vida tenha sentido, precisamos ter compaixão e generosidade. Referindo-se à condição de "pertencer" ou de comunidade, o rabino Hillel afirmou: "Se eu não for por mim, quem será por mim? Se eu for só por mim, eu não sou nada."

Existência atemporal

Quando aprendemos a abrir o nosso coração, temos a oportunidade de viver no amor, na compaixão, na alegria e na serenidade — o que os mestres Dzogchen chamam de "igualdade espontânea". Abrir o coração leva à experiência da liberdade e à "verdade do coração". O Dzogchen é profundamente a favor de se abrir o coração e vivenciar esse fluxo transcendente de percepção amorosa, mas ele também reconhece que temos cabeça, cérebro, mente e, acima de tudo, percepção ilimitada. É essa percepção (que é quem você é) que não ficará em paz e satisfeita até realizar seu potencial, até satisfazer suas necessidades e impulsos interiores e se expandir para a vastidão da existência atemporal.

Outras formas de budismo são centralizadas no coração e enfatizam, em primeiro lugar, os ensinamentos das "Quatro Nobres Verdades" e o "Caminho Óctuplo" para escapar do sofrimento e conquistar a libertação ou liberdade, como foi ensinado por Buda no Parque dos Cervos. Em segundo lugar, o caminho do *bodhisattva* compreende o vazio e a compaixão para a eliminação do sofrimento de todos os seres sensíveis. Dzogchen oferece um terceiro caminho, no qual nós temos a oportunidade de vivenciar a verdade do coração além da liberdade suprema, a verdade do universo. Estou finalmente aprendendo a trilhar esse caminho abençoado todas as noites, na hora de dormir, e todas as manhãs, quando acordo, em gratidão.

Estou convencido de que a percepção e a vastidão atemporais são a nossa meta. Se esse, porém, for um passo demasiado grande, há sempre a gratidão, que é a salvação de todos. Se conseguirmos acordar de manhã e, em vez de sentir medo ou ressentimento, agradecermos a Deus — ou ao princípio organizador do universo que nos dá nossa boa saúde e nossa boa mente —, estaremos no caminho certo para a paz e a liberdade. Estaremos na verdade agradecendo pela graça — os presentes não solicitados que todos recebemos. Descobri que, quando estou em um estado de gratidão, é impossível ser infeliz.

Embora não possamos sempre controlar os acontecimentos ao nosso redor, temos poder sobre o modo como experimentamos esses acontecimentos. Em qualquer momento podemos afetar, de maneira individual ou coletiva, o curso da nossa vida, escolhendo dirigir a atenção para o aspecto de nós mesmos que é consciente e, por meio da prática da autoinvestigação, para a própria consciência em si mesma. Podemos perguntar: "Quem é consciente?" e depois "Quem quer saber?" A escolha de onde focalizamos nossa atenção é, em última análise, nossa mais poderosa liberdade. A nossa escolha de atitude e de foco afeta não só as nossas próprias percepções e experiências, mas também as experiências e comportamentos dos outros.

É com prazer que encerro este capítulo — e este livro — com uma citação do maior dos mestres Dzogchen, Longchenpa. Ele nos lembra que já temos tudo que podemos querer. Em sua poderosa mensagem conhecida como "The Jewel Ship", ele nos dá uma meditação chamada "Making Your Free Behavior the Path" (Faça do seu comportamento livre o caminho). Depois disso, nada mais pode ser dito — exceto oferecer-lhe a prece budista de *metta*, ou bondade amorosa.

De Longchenpa:

> Ouça, grande ser [que é você]: não crie dualidade a partir do estado único.
>
> A felicidade e a miséria são uma em pura e total presença.
>
> Budas e seres são um na natureza da mente.
>
> Aparências e seres, meio ambiente e seus habitantes, são um na realidade.
>
> Mesmo a dualidade da verdade e da falsidade são a mesma realidade.
>
> Não se agarre à felicidade; não elimine a miséria.
>
> Por meio disso, tudo é realizado.
>
> O apego ao prazer traz miséria.
>
> A total clareza, sendo não conceitual, é a pura percepção autorrevigorante.

E do meu coração:

> Que você fique em paz.
>
> Que o seu coração permaneça aberto.
>
> Que você se cure de toda separação.
>
> Que você seja uma fonte de cura para todos os seres.
>
> Que você desperte para a luz da sua verdadeira natureza.
>
> Que você jamais se sinta separado da fonte de bondade amorosa.
>
> Que você seja feliz.

POSFÁCIO

A história de Elisabeth

Minha filha Elisabeth explorou e buscou a verdade durante toda a sua vida. Sua luminosidade e seu pensamento visionário eram evidentes para todos os que a conheceram e ficavam evidentes em suas entrevistas pela televisão.[1] Quando criança, Elisabeth foi incentivada a ser cortês, inteligente e paranormal. Ela conseguia descrever, por exemplo, o que estava dentro das embalagens dos seus presentes de aniversário antes de abri-las.

Na homenagem que lhe foi prestada, durante o seu velório no California Pacific Medical Center, onde trabalhou até a sua morte, o diretor de pesquisa descreveu-a como "provavelmente a pessoa mais brilhante que já conheci". Sua amplamente elogiada pesquisa sobre cura a distância nesse hospital mostrou como as preces de agentes de cura espalhados pelos Estados Unidos podiam afetar a saúde e o bem-estar de pacientes em estágio avançado de AIDS em San Francisco. Como mencionei no Capítulo 6, ela demonstrou, em um estudo que foi publicado no *Western Journal of Medicine*, que os pacientes que receberam preces de cura se sentiram mais positivos mentalmente em relação a si mesmos, sofreram menos doenças oportunistas, precisaram de um número significativamente menor de internações em hospital e passaram menos dias internados do que o grupo de controle, para quem nenhuma prece foi feita.[2] Esse resultado ocorreu apesar do fato de que nenhum dos pacientes ou médicos sabia quem estava recebendo as preces — um experimento "duplo-cego". Isso forneceu evidências significativas, da vida real, das nossas conexões não locais, de mente-para-mente, além de incentivar o National Institutes of Health (NIH) a dar apoio a pesquisas semelhantes em outros laboratórios.

Desde a infância, Elisabeth participou de muitos estudos sobre PES comigo. Aos 9 anos, foi uma das primeiras participantes de um experimento com máquina de ensinar PES, a qual demonstrou ser possível a uma pessoa aprender o que ela sente ser um uso bem-sucedido de suas capacidades paranormais. A máquina seleciona aleatoriamente um entre seus quatro estados eletrônicos possíveis, e o usuário então aperta um dos quatro botões na frente da máquina para indicar o seu palpite sobre a seleção efetuada pela máquina. Então, a luz correta, entre as quatro possíveis, se acenderá. A probabilidade, se funcionar o acaso, é de seis escolhas corretas em 24. As mensagens de incentivo eram: "Bom começo" para seis corretas em 25; "Capacidade de PES presente" para oito; "Excelente" para dez; e "Paranormal, médium, oráculo!" para doze. Algumas pessoas conseguiam aprender a melhorar sua marca por meio da prática, muito embora a máquina fizesse suas escolhas aleatoriamente. Elisabeth foi uma das mais bem-sucedidas desde o início, atingindo com frequência as marcas da categoria mais elevada.

Em 1971, resolvi lançar a minha máquina de ensinar PES para o público em geral. Projetei um modelo vertical, que funcionava com moedas, e ela foi fabricada por um jovem engenheiro chamado Nolan Bushnell, que dois anos mais tarde fundaria a empresa de dois bilhões de dólares Atari Corporation para fabricar seus próprios jogos eletrônicos. A Figura 10 mostra Elisabeth, aos 9 anos, com o jogo de PES em uma pizzaria em Palo Alto. O *San Francisco Chronicle* publicou uma matéria a nosso respeito, com essa foto, intitulada "PES numa pizzaria". As três máquinas instaladas em Palo Alto fizeram grande sucesso. Entretanto, não consegui distribuição da máquina em nível nacional; disseram-me que os distribuidores em Chicago "não sabiam o que era PES".

Figura 10. Elisabeth Targ operando a primeira máquina comercial de teste de PES em 1971. Reproduzida com a permissão do *San Francisco Chronicle*.

No ano seguinte, tive uma oportunidade de demonstrar essa máquina de entretenimento a Werner von Braun e James Fletcher, então diretor da NASA. Ambos atingiram boa pontuação em seus testes. Von Braun então nos contou histórias sobre sua avó, famosa paranormal do velho continente, que sempre sabia de antemão quando algo importante estava para acontecer. Aquele encontro em uma conferência na NASA sobre tecnologia especulativa acabou por conduzir a um contrato entre a NASA e o Stanford Research Institute (SRI) para ajudar os astronautas a desenvolver contatos paranormais intuitivos com suas espaçonaves.[3] Acredito que é sempre uma experiência com uma "avó paranormal" que convence os burocratas do governo a dar verba para pesquisas sobre PES!

Em 1983, Elisabeth — então com 21 anos e cursando medicina em Stanford — me acompanhou em uma viagem à Rússia, onde eu fora convidado para dar uma palestra na Academia de Ciências da União Soviética sobre as pesquisas a respeito de visão remota que eu estava conduzindo no SRI. Eu pedi a ela que fosse comigo porque ela já era uma competente tradutora de russo. Sua avó, Regina, estudara medicina na Rússia na década de 1930 e a mãe, Joan, nasceu lá nessa época. Depois de se graduar na Universidade de Stanford, Elisabeth passou um ano cumprindo os requisitos para obter seu diploma de tradutora, sabiamente decidindo que não iniciaria o curso de medicina antes dos 20 anos.

Elisabeth me vira exibir diapositivos e descrever minhas pesquisas sobre visão remota no SRI para grupos científicos muitas vezes antes. Nessa ocasião em particular, estávamos sentados em cadeiras de espaldar alto de veludo vermelho no palco da Academia de Ciências da União Soviética em Moscou. Eu faria a minha exibição de diapositivos e um intérprete russo traduziria cada uma das minhas frases.

Havia uns trezentos ou quatrocentos cientistas no opulento e dourado auditório quando iniciamos o laborioso processo de tradução "ele disse, ela disse". Quando a luz do imenso lustre de cristal diminuiu, senti um puxão na minha manga. Elisabeth viera ao pódio para respeitosamente sugerir que, se ela desse a minha palestra em russo desde o início, tudo seria muito mais fácil. Assim, confiando na minha filha, eu a apresentei e me sentei para assistir à exibição de diapositivos. Ela descreveu a década de material de pesquisa acumulado, com o qual estava inteiramente familiarizada. Pude ouvir os murmúrios e o chacoalhar de xícaras de chá das pessoas tentando descobrir como era possível que aquela jovem soubesse toda a física, psicologia e estatística necessárias para apresentar uma palestra de 90 minutos recheada de dados, sem consultar anotações e em um russo sem sotaque.

Elisabeth foi uma sensação, encantando os nossos anfitriões por onde quer que viajássemos, de Moscou a Leningrado, de Alma Ata, no extremo leste, à Cidade Russa da Ciência na Sibéria. Quando chegávamos a cada local de palestra, nossos anfitriões já conheciam as nossas preferências e preparavam lugares para nós com conhaque, enquanto todos os demais bebiam vodca. Nós nos sentíamos como o grande assunto da Rússia.

Figura 11. Elisabeth Targ (esquerda) e Russell Targ no estúdio de um artista em Tbilisi, no sul da Rússia, em sua viagem de 1983. Foto de Hella Hammid.

Nada na Rússia começa sem algum tipo de bebida. No Radio Technical Institute, em Moscou, onde nossos primeiros trabalhos sobre visão remota no SRI foram traduzidos para o russo, havia um *coffee-break* todos os dias às 10h30. O adorável carrinho de chá vinha tilintando pelo saguão para visitar cada escritório, e a pessoa que o conduzia indagava se queríamos vodca, conhaque ou chá para o desjejum. Os cientistas de lá costumavam descrever-nos sua situação de trabalho dizendo: "Eles fingem que nos pagam e nós fingimos que trabalhamos." Estávamos no auge da Guerra Fria; é provável que hoje tudo seja menos elegante. Depois dessa época, Elisabeth visitou várias vezes a Rússia por conta própria, como estudante e como pesquisadora. Ela conversou com alguns dos lendários agentes de cura espiritual russos, incluindo a nossa querida amiga Djuna Davitashvili, com quem havíamos feito experimentos de visão remota para a Academia de Ciência.

Começando os nossos primeiros experimentos de PES pai-filha, eu me sentava em uma cadeira e visualizava um objeto, depois convidava Elisabeth a sentar-se na mesma cadeira e tentar sentir o objeto que eu havia imaginado. Esse tipo de investigação de "formas-pensamentos" teria agradado Charles Leadbeater, Annie Besant e outros pesquisadores teosóficos do século XIX. Nós tivemos muito sucesso.

Com essa espécie de treinamento precoce, não é de admirar que Elisabeth fosse frequentemente descrita como cientista inovadora e multifacetada mesmo antes de essa expressão se tornar popular. Ela se empenhou em investigações de algumas das mais desafiadoras enfermidades conhecidas pela ciência e pela sociedade. Seus interesses como pesquisadora abrangiam um leque incomum de temas, incluindo esquizofrenia, e como essa condição podia ser diagnosticada equivocadamente quando, na verdade, o paciente estava passando por um despertar espiritual. Suas pesquisas também investigaram a psiconeuroimunologia, o papel do desamparo e da impotência na saúde mental, os benefícios da meditação e da prece contemplativa para a saúde e o impacto de experiências espiritualmente transformadoras no campo da própria psiquiatria.

Figura 12. Elisabeth Targ: 1961—2002. Esta foto foi extraída da capa de um folheto informativo do California Pacific Medical Center que anunciava a bem-sucedida pesquisa de Elisabeth sobre AIDS.

A doença fatal de Elisabeth foi um glioblastoma. O notável é que esse tipo específico de tumor cerebral fora o tema de sua mais recente pesquisa em cura a distância. Ela disse que o escolhera para estudo porque era um tipo particularmente "enrolado" de doença incurável — a mesma razão pela qual ela julgara importante escolher a AIDS como sua primeira área de investigação.

Elisabeth saiu serenamente deste plano de ilusão em 18 de julho de 2002. Em sua passagem, ela foi mais uma vez pioneira — a primeira de sua geração a conhecer a verdade, enquanto o resto de nós continua a especular e indagar. Todos sentimos saudade dela. Que adorável ilusão ela foi!

Notas

Prefácio do autor

1. Longchenpa, *You Are the Eyes of the World* (Ithaca, NY: Snow Lion Publications, 2000). Veja também a maravilhosa mensagem de Longchen Rabjam, *The Precious Treasury of The Way of Abiding* (Junction City, CA: Padma Publishing, 2002).
2. W. Y. Evans-Wentz, *The Tibetan Book of the Dead* (Nova York: Oxford University Press, 1960. [*O Livro Tibetano dos Mortos*, publicado pela Editora Pensamento, São Paulo, 1985.]
3. *A Course in Miracles: Workbook for Students* (Huntington Station, NY: Foundation for Inner Peace, 1975).

Introdução: O incognoscível fim da ciência

1. Erwin Schrödinger, *What Is Life* (Cambridge: Cambridge University Press, 1945).
2. Michio Kaku, "Techniques of Discovery" (palestra ministrada em The Prophets Conference, cidade de Nova York, 18 a 20 de maio de 2001).
3. Steven Weinberg, "The Future of Science and the Universe", *New York Review of Books*, 15 de novembro de 2001.
4. Corey S. Powell, *God in the Equation* (Nova York: The Free Press, 2002).
5 Harold Puthoff e Russell Targ, "A Perceptual Channel for Information Transfer over Kilometer Distances: Historical Perspective and Recent Research", Proc. IEEE, vol. 64, nº 3, março de 1976, Brenda Dunne e Robert Jahn, "Information and Uncertainty in Remote Perception Research", *Journal of Scientific Exploration*, vol. 17, nº 2, verão de 2003, pp. 207-42.

Capítulo 1: Nossa mente sem limites

1. Alan H. Batten, "A Most Rare Vision: Eddington's Thinking on the Relation between Science and Religion", *Journal of Scientific Exploration*, vol. 9, nº 2, verão de 1995, pp. 231-34.

2. Para uma discussão mais detalhada desse fenômeno, veja Guy Lyon Playfair, *Twin Telepathy: The Psychic Connection* (Londres: Vega, 2003).
3. A. Einstein, B. Podolsky e N. Rosen, "Can a Quantum Mechanical Description of Physical Reality be Considered Complete?" *Physical Review* 47, 1935, pp. 777-80.
4. J. S. Bell, "On the Einstein, Podolsky, Rosen Paradox", *Physics* 1, 1964, pp. 195-200.
5. S. Freedman e J. Clauser, "Experimental Test of Local Hidden Variable Theories", *Physical Review Letters*, vol. 28, 1972, pp. 934-41.
6. Henry Stapp, *in* R. Nadeau e M. Kafatos, *The Nonlocal Universe: The New Physics and Matters of the Mind* (Londres: Oxford University Press, 1999).
7. J. W. Dunne, *An Experiment with Time* (1927; reeditado, Charlottesville, VA: Hampton Roads, 2001).
8. Brenda Dunne e Robert Jahn, "Information and Uncertainty in Remote Perception Research", *Journal of Scientific Exploration*, vol. 17, nº 2, 2003, pp. 207-42.
9. David Bohm e B. Hiley, *The Undivided Universe* (Londres: Routledge, 1993), pp. 382-86.
10. Eugene P. Wigner, "The Extension of the Area of Science", *in* Robert G. Jahn, *The Role of Consciousness in the Physical World*, AAAS Symposium 57 (Boulder, CO: Westview Press, 1981).
11. Elizabeth Rauscher e Russell Targ, "The Speed of Thought: Investigation of a Complex Space-Time Metric to Describe Psychic Phenomena", *Journal of Scientific Exploration*, vol. 15, nº 3, outono de 2001.
12. Upton Sinclair, *Mental Radio* (Charlottesville, VA: Hampton Roads, 2001).
13. C. W. Misner e John Wheeler, "Gravitation, Electromagnetism, Unquantized Charge, and Mass as Properties of Curved Empty Space", *Annals of Physics* 2, dezembro de 1957, pp. 525-603.
14. Brian Josephson, "Biological Utilization of Quantum Nonlocality", *Foundations of Physics*, vol. 21, 1991, pp. 197-207.
15. Aldous Huxley, *The Perennial Philosophy* (Nova York: Harper and Row, 1945). [*A Filosofia Perene*, publicado pela Editora Cultrix, São Paulo, 1991.] (*fora de catálogo*)
16. Erwin Schrödinger, *Mind and Matter* (Cambridge: Cambridge University Press, 1958).
17. Elaine Pagels, *Beyond Belief: The Secret Gospel of Thomas* (Nova York: Random House, 2003).
18. Menciono isso aqui porque o reverenciado professor Ram Dass adverte todos os que tiveram suas primeiras experiências de profunda liberação por meio do uso de drogas psicoativas a dizerem a verdade em vez de fingir que essa liberação ocorreu com anos de meditação.
19. Lawrence Kushner, *The River of Light* (Woodstock, VT: Jewish Lights Publishing, 1981, 1990).
20. Lex Hixon, *Mother of the Buddhas: Meditation on the Prajnaparamita Sutra* (Wheaton, IL: Quest Books, 1993).

21. Helen Palmer, *The Enneagram: Understanding Yourself and the Others in Your Life* (San Francisco: Harper San Francisco, 1991).
22. Eli Jackson-Bear, *The Enneagram of Liberation: From Fixation to Freedom* (Stinson Beach, CA: The Leela Foundation, 2002).
23. J. L. Garfield, *The Fundamental Wisdom of the Middle Way: Nagarjuna's Mulamadhyamakakarika* (Londres: Oxford University Press, 1995).
24. Swami Prabhavananda e Christopher Isherwood, trad., *How to Know God* (Hollywood, CA: Vedanta Press, 1983). [*Como Conhecer Deus*, publicado pela Editora Pensamento, São Paulo, 1988.] (*fora de catálogo*)
25. Andrew Harvey, *The Essential Mystics: The Soul's Journey into Truth* (San Francisco: Harper San Francisco, 1996).

Capítulo 2: Num dia claro nós podemos ver para sempre

1. Na verdade, como gêmeos criados separados, Hal e eu éramos filhos únicos, nascemos em Chicago e nosso primeiro emprego foi na Sperry Gyroscope Company. No final da década de 1950, estávamos trabalhando no desenvolvimento de tubos de micro-ondas de alta potência em setores diferentes da Sperry antes de sermos transferidos para o setor de pesquisas com *laser*, de nos mudarmos para a Califórnia e começarmos as pesquisas de fenômenos *psi*, antes de finalmente nos encontrarmos em 1972.
2. Há mais de uma dezena de homens e mulheres que fizeram parte do exército e agora ensinam visão remota nos EUA, além de mais de 119.000 páginas da Internet sobre "visão remota" que podem ser encontradas no mecanismo de busca Google. A visão remota é uma habilidade natural relativamente fácil de aprender, de modo que é provável que várias escolas de visão remota possam ensinar a você como proceder. Nenhuma delas publica qualquer informação sobre testes duplos-cegos, de modo que é impossível determinar se os videntes podem de fato aprender e ter sucesso como videntes remotos ou se simplesmente aprendem o que o processo envolve. Eu não acredito que exista no momento qualquer evidência de que se possa auferir benefícios de pagar milhares de dólares para assistir a essas aulas de visão remota, mas eu posso estar errado. Em vez disso, sugiro que você continue lendo este livro ou o livro maravilhoso de Ingo Swann, *Natural ESP* (Nova York: Bantam Books, 1987).

   Frequentemente o público fica confuso com as afirmações dos professores de visão remota. Há o Controlled Remote Viewing (CRV®), Extended Remote Viewing (ERV®), Technical Remote Viewing (TRV®) e provavelmente outros dos quais não tenho conhecimento. Joe McMoneagle, um dos primeiros e sem dúvida o mais bem-sucedido do exército de videntes remotos, escreveu um livro excelente, *Remote Viewing Secrets* (Charlottesville, VA: Hampton Roads, 2000), onde decifra essas siglas. Ele também descreve uma abordagem muito clara e sensível do aprendizado de visão remota, baseada em seus mais de vinte anos de experiência.

3. Russell Targ e Jane Katra, *Miracles of Mind: Exploring Nonlocal Consciousness and Spiritual Healing* (Novato, CA: New World Library, 1998).
4. Russell Targ e Hal Puthoff, "Information Transfer under Conditions of Sensory Shielding", *Nature* 251, 1974, pp. 602-07.
5. A The Intuition Network promove aplicações empresariais e outras ao trabalho com fenômenos *psi*.
6. Patricia Hearst, *Every Secret Thing* (Nova York: Doubleday & Company, 1982).
7. Ingo Swann, *Natural ESP* (Nova York: Bantam Books, 1987).
8. Daryl Bem e Charles Honorton, "Does Psi Exist? Replicable Evidence for an Anomalous Process of Information Transfer", *Psychological Bulletin*, janeiro de 1994.
9. Marilyn Schlitz e Charles Honorton, "Ganzfeld Psi Performance within an Artistically Gifted Population". *Journal ASPR*, vol. 86, 1992, pp. 83-98.
10. No teste de adivinhação de cartas, o vidente sabe que o alvo será uma das quatro ou cinco figuras possíveis. Esse conhecimento constitui ruído mental e impede o vidente de ver figuras mentais em uma tela em branco.
11. C. W. Leadbeater, *Occult Chemistry* (Londres: Theosophical Society, 1898).
12. Russell Targ e Jane Katra, *Miracles of Mind: Exploring Nonlocal Consciousness and Spiritual Healing* (Novato, CA: New World Library, 1998).
13. Russell Targ, E. May e Hal Puthoff, "Direct Perception of Remote Geographic Locations", *in Mind At Large: Proceedings of the IEEE Symposia on Extrasensory Perception* (Charlottesville, VA: Hampton Roads, 2002).
14. James Spottiswoode, "Geomagnetic Fluctuations and Free Response Anomalous Cognition: A New Understanding", *Journal of Parapsychology* 61, março de 1997.
15. O dia sideral é cerca de quatro minutos mais curto que o dia solar. Você pode determinar o seu tempo sideral atual em vários *sites* da Internet, incluindo www.jgiesen.de/astro/astroJS/siderealClock/. Se quiser encontrar outros *sites*, procure "tempo sideral local" em www.google.com.br.
17. H. W. Parke, *The Delphic Oracle* (Londres: Basil Blackwell, 1966).
18. René Warcollier, *Mind-to-Mind* (Charlottesville, VA: Hampton Roads, 2002).

Capítulo 3: Para o prazer de sua visão

1. Robert Monroe descreve esse excitante espectro — da visão remota ao "sexo no plano astral" — em seu livro pioneiro, *Journeys Out of the Body* (Nova York: Broadway Books, 1973). Esse livro, hoje um clássico, é ótimo de ler. Outro livro excelente para os que têm espírito aventureiro e corajoso é *Psychic Sexuality*, de Ingo Swann (Rapid City, SD: Ingo Swann Books, 1999).
2. Russell Targ e Jane Katra, "Remote Viewing in a Group Setting", *Journal of Scientific Exploration*, vol. 14, nº 1, 2000, pp. 107-14.

3. John Reynolds, *Self-Liberation through Seeing with Naked Awareness* (Ithaca, NY: Snow Lion Publications, 2000).
4. Padmasambhava, in John Reynolds, *Self-Liberation through Seeing with Naked Awareness* (Ithaca, NY: Snow Lion Publications, 2000).
5. Dixon, N. F., *Subliminal Perception: The Nature of a Controversy* (Londres: McGraw-Hill, 1971).
6. Sheila Ostrander e Lynn Schroeder, *Psychic Discoveries Behind the Iron Curtain* (Nova York: Prentice-Hall, 1970).
7. Richard Bach, *Jonathan Livingston Seagull* (Nova York: Scribner Book Company, 1970).
8. Joe McMoneagle, *Remote Viewing Secrets* (Charlottesville, VA: Hampton Roads, 2000).

Capítulo 4: Precognição

1. Bertrand Russell, *Mysticism and Logic and Other Essays* (Londres: Longmans, Green and Co., 1925).
2. Robert Monroe, *Journeys Out of the Body* (Nova York: Broadway Books, 1973). Mais informações sobre coisas a fazer quando estiver fora do corpo e como chegar lá podem ser obtidas no Monroe Institute em Faber, Virgínia.
3. Erwin Schrödinger, in Michael Nielsen, "Rules for a Complex Quantum World", *Scientific American*, novembro de 2002.
4. Charles Honorton e Diane Ferrari, "Future-Telling: A Meta-Analysis of Forced-Choice Precognition Experiments", *Journal of Parapsychology*, vol. 53, dezembro de 1989, pp. 281-309.
5. William Braud, "Wellness Implications of Retroactive Intentional Influence: Exploring an Outrageous Hypothesis", *Alternative Therapies in Health and Medicine*, vol. 6, nº 1, 2000, pp. 37-48.
6. Dean Radin, *The Conscious Universe* (San Francisco: Harper San Francisco, 1997).
7. William Braud, *Distant Mental Influence* (Charlottesville, VA: Hampton Roads, 2003).
8. Zoltán Vassy, "Method for Measuring the Probability of 1 Bit Extrasensory Information Transfer Between Living Organisms", *Journal of Parapsychology*, vol. 42, 1978, pp. 158-60.
9. Helmut Schmidt, "PK Effect on Pre-Recorded Targets", *Journal of the American Society for Psychical Research*, julho de 1976.
10. Helmut Schmidt, "Random Generators and Living Systems as Targets in Retro-PK Experiments", *Journal of the American Society for Psychical Research*, vol. 91, nº 1, 1997, pp. 1-14.
11. William Braud, "Wellness Implications of Retroactive Intentional Influence: Exploring an Outrageous Hypothesis", *Alternative Therapies in Health and Medicine*, vol. 6, nº 1, 2000, pp. 37-48.
12. Erik Larson, "Did Psychic Powers Give Firm a Killing in the Silver Market?", *Wall Street Journal*, 22 de outubro de 1984.

13. Russell Targ, Jane Katra, Dean Brown e Wendy Wiegand, "Viewing the Future: A Pilot Study with an Error-Detecting Protocol", *Journal of Scientific Exploration*, vol. 9, nº 3, 1995, pp. 367-80.

14. David Bohm, *The Undivided Universe* (Nova York: Routledge, 1993).

15. Norman Friedman, *Bridging Science and Spirit: Common Elements of David Bohm's Physics, the Perennial Philosophy, and Seth* (St. Louis, MO: Living Lake Books, 1994).

16. Gertrude Schmeidler, "An Experiment in Precognitive Clairvoyance, Part 1: The Main Results" e "Part 2: The Reliability of the Scores", *Journal of Parapsychology*, vol. 28, 1964, pp. 1-27.

17. Elisabeth Targ, Russell Targ e Oliver Lichtarg, "Realtime Clairvoyance: A Study of Remote Viewing without Feedback", *Journal of the American Society for Psychical Research*, vol. 79, outubro de 1985, pp. 494-500.

18. Brenda Dunne e Robert Jahn, "Information and Uncertainty in Remote Perception Research", *Journal of Scientific Exploration*, vol. 17, nº 2, 2003, pp. 207-42.

19. Montague Ullman e Stanley Krippner com Alan Vaughan, *Dream Telepathy* (Charlottesville, Virgínia: Hampton Roads, 2003).

20. Russell Targ e Harold Puthoff, *Mind Reach: Scientists Look at Psychic Abilities* (Nova York: Delacorte, 1977), p. 50.

21. Harold Puthoff e Russell Targ, "A Perceptual Channel for Information Transfer over Kilometer Distances: Historical Perspective and Recent Research", *Proceedings of the IEEE*, vol. 64, nº 3, março de 1976, pp. 329-54.

22. Olivier Costa de Beauregard, *in* J. T. Fraser, *The Voices of Time* (Nova York: George Braziller, 1966).

23. *Ibid.*

24. J. W. Dunne, *An Experiment with Time* (Charlottesville, VA: Hampton Roads, 2001).

25. B. J. Dunne, R. G. Jahn e R. D. Nelson, "Precognitive Remote Perception", *Princeton Engineering Anomalies Research Laboratory* (Relatório), agosto de 1983.

26. Elisabeth Targ e Russell Targ, "Accuracy of Paranormal Perception as a Function of Varying Target Probabilities", *Journal of Parapsychology*, vol. 50, março de 1986, pp. 17-27.

27. F. W. H. Myers, *Human Personality and Its Survival of Bodily Death* (Charlottesville, VA: Hampton Roads, 2001).

28. Harold Francis Saltmarsh, *The Future and Beyond: Paranormal Foreknowledge and Evidence of Personal Survival from Cross Correspondences* (Charlottesville, VA: Hampton Roads, 2004).

29. Daniel J. Benor, *Spiritual Healing: Scientific Validation of a Healing Revolution* (Southfield, MI: Vision Publications, 2001).

Capítulo 5: Diagnose médica intuitiva

1. Arthur Hastings, *Tongues of Man and Angels* (Austin, TX: Holt, Rinehart & Winston, 1991).

2. Gina Cerminara, *Many Mansions: The Edgar Cayce Story on Reincarnation* (Nova York: Signet Books, 1967).
3. A melhor avaliação das leituras médicas de Cayce pode ser encontrada na página do Meridian Institute: http://www.meridianinstitute.com.
4. Judith Orloff, *Second Sight* (Nova York: Warner Books, 1997).
5. Judith Orloff, *Intuitive Healing* (Nova York: Three Rivers Press, 2000).
6. John Woodroffe, *The Serpent Power* (Madras, Índia: Ganesh & Co., 1928, 1964).
7. Mona Lisa Schultz, *Awakening Intuition* (Nova York: Three Rivers Press, 1998).
8. Anthony Goodman, *Understanding the Human Body: Anatomy and Physiology: 32 Lectures* (Chantilly, VT: The Teaching Company, 2001).
9. Shafica Karagulla, *Breakthrough to Creativity* (Marina del Rey, CA: Devorss & Co., 1967).
10. Esse experimento foi uma espécie de aquecimento antes da minha ida para Cambridge, onde conversei com físicos que estavam investigando a percepção direta de campos magnéticos muito amplos por meio da produção dos chamados fosfenos visuais — provavelmente causados por correntes elétricas no olho. Enquanto estava em Cambridge, também trabalhei com alguns peixes elétricos no Cavindish Aquarium. Esses peixes africanos cegos, chamados de aba-aba (*gymnarchus niloticus*), podem detectar e reagir a diminutos campos magnéticos permanentes. Eu conseguia atraí-los para a frente do seu enorme tanque movendo um pequeno ímã (ou, parecia-me, por um ato de vontade, como William Braud descobriria em sua pesquisa uma década mais tarde — mas essa é uma outra história).
11. Karagulla, *Breakthrough to Creativity.*
12. Barbara Brennan, *Hands of Light* (Nova York: Bantam Books, 1987); também Barbara Brennan, *Light Emerging* (Nova York: Bantam Books, 1993). [*Mãos de Luz*, publicado pela Editora Pensamento, São Paulo, 1990 e *Luz Emergente*, publicado pela Editora Cultrix, São Paulo, 1995.]
13. C. Norman Shealy e Caroline Myss, *The Creation of Health* (Walpole, NH: Stillpoint Publishing, 1988).
14. Marianne Williamson, *in* Russell Targ e Jane Katra, *The Heart of the Mind: How to Experience God Without Belief* (Novato, CA: New World Library, 1999), extraído do prefácio. [*O Coração da Mente: Como Ter a Experiência de Deus sem Dogma, Ritual ou Crença Religiosa*, publicado pela Editora Cultrix, São Paulo, 2002.]

Capítulo 6: Cura a distância

1. Tom Harpur, *The Uncommon Touch: An Investigation of Spiritual Healing* (Toronto: McClelland & Stewart, Inc., 1994), pp. 38-73.
2. Bíblia Sagrada, João, 14:12.
3. Os agentes de cura energéticos sentem, visualizam ou vivenciam de outro modo e enviam energia de cura para o corpo do paciente; isso pode envolver ou não contato fí-

sico. A cura paranormal e a espiritual são modalidades que prescindem de contato. Os agentes de cura paranormal dirigem sua intenção para o paciente distante, enquanto os agentes de cura espiritual se entregam a um poder maior para realizar a cura a distância.

4. Larry Dossey, *Meaning and Medicine* (Nova York: Bantam Books, 1991).
5. Milan Ryzl, "A Model of Parapsychological Communication", *Journal of Parapsychology*, 1966, pp. 18-30.
6. L. L. Vasiliev, *Experiments in Mental Suggestion* (Charlottesville, VA: Hampton Roads, 2002).
7. Henry Stapp, "Harnessing Science and Religion: Implications of the New Scientific Conception of Human Beings", *Research News and Opportunities in Science and Religion*, vol. 1, nº 6, p. 8 (fevereiro de 2001).
8. Douglas Dean, "Plethysmograph Recordings as ESP Responses", *International Journal of Europsychiatry*, vol. 2, 1966, pp. 439-46.
9. O pletismógrafo registra variações no tamanho de um órgão ou membro decorrentes de mudanças na quantidade de sangue presente nele ou passando por ele.
10. William Braud e Marilyn Schlitz, "Consciousness Interactions with Remote Biological Systems: Anomalous Intentionality Effects", *Subtle Energies*, vol. 2, 1993, pp. 1-47; William Braud, "On The Use of Living Target Systems in Distant Mental Influence Research", *in* L. Coly, org., *Psi Research Methodology: A Re-examination* (Nova York: Parapsychology Foundation, 1991).
11. Todas as citações feitas aqui do trabalho de William Braud podem ser encontradas em seu novo livro, *Distant Mental Influence* (Charlottesville, VA: Hampton Roads, 2003).
12. William Braud, "Direct Mental Influence on the Rate of Hemolysis of Human Red Blood Cells", *The Journal of the American Society for Psychical Research*, janeiro de 1990, pp. 1-24.
13. William Braud, *Distant Mental Influence* (Charlottesville, VA: Hampton Roads, 2003).
14. William Braud e Marilyn Schlitz, "Psychokinetic Influence on Electro-Dermal Activity", *Journal of Parapsychology*, vol. 47, 1983, pp. 95-119; William Braud, D. Shafer e S. Andrews, "Reactions to an Unseen Gaze (Remote Attention): A Review, with New Data on Autonomic Staring Detection", *Journal of Parapsychology*, vol. 57, nº 4, 1993, pp. 373-90.
15. Marilyn Schlitz e Stephen LaBerge, "Autonomic Detection of Remote Observation: Two Conceptual Replications", *Institute of Noetic Sciences*, 1994 (*pré-impressão*).
16. Braud, *Distant Mental Influence.*
17. Russell Targ e Harold Puthoff, *Mind Reach: Scientists Look at Psychic Abilities* (Nova York: Delacorte, 1977); Russell Targ e Harold Puthoff, "Information Transmission under Conditions of Sensory Shielding", *Nature*, vol. 252, out/1974, pp. 602-07.
18. Larry Dossey, *Recovering the Soul* (Nova York: Bantam Books, 1989); Larry Dossey, *Healing Words: The Power of Prayer and the Practice of Medicine* (San Francisco: Harper San Francisco, 1993); Larry Dossey, *Meaning and Medicine: A Doctor's Tales of Breakthrough and Healing* (Nova York: Bantam, 1991). [*Reencontro com a Alma* e *As Palavras Curam*, publicados respectivamente em 1992 e 1996 pela Editora Cultrix, São Paulo.] (*ambos fora de catálogo*)

19. Larry Dossey, *Utne Reader*, setembro de 1995.

20. Patricia Sun, citação feita de entrevista em http://www.phenomenews.com/archives/mchol/sun.html (página encerrada - N. da T.).

21. Olga Worrall, *in* Edwina Cerutti, *Olga Worrall: Mystic with the Healing Hands* (Nova York: Harper & Row, 1975).

22. Daniel J. Benor, *Spiritual Healing: Scientific Validation for a Healing Revolution* (Southfield, Mich.: Vision Publications, 2001).

23. Fred Sicher, Elisabeth Targ, Dan Moore e Helene Smith, "A Randomized Double-Blind Study of the Effect of Distant Healing in a Population with Advanced AIDS", *Western Journal of Medicine*, vol. 169, dezembro de 1998, pp. 356-63.

24. Randolph C. Byrd, "Positive Therapeutic Effects of Intercessory Prayer in a Coronary Care Unit Population", *Southern Medical Journal*, vol. 81, nº 7, julho de 1988, pp. 826-29.

25. William S. Harris *et al.*, "A Randomized, Controlled Trial of the Effects of Remote Intercessory Prayer on Outcomes in Patients Admitted to the Coronary Care Unit", *Archives of Internal Medicine*, vol. 159, 25 de outubro de 1999, pp. 2.273-2.278.

26. O *tamanho do efeito* mede a eficiência, ou intensidade, dos fenômenos investigados. É igual ao número de desvios-padrão observado com relação ao acaso, dividido pela raiz quadrada do número de testes realizados para se atingir esse nível de significância.

27. John A. Astin, Elaine Harkness e Edward Ernst, "The Efficacy of 'Distant Healing': A Systematic Review of Randomized Trials", *Annals of Internal Medicine*, vol. 132, nº 11, junho de 2000, pp. 903-10.

28. Marilyn Schlitz e William Braud, "Distant Intentionality and Healing: Assessing the Evidence", *Alternative Therapies in Health and Medicine*, vol. 3, nº 6, novembro de 1997.

29. Elisabeth Targ, "Evaluating Distant Healing: A Research Review", *Alternative Therapies in Health and Medicine*, vol. 3, nº 6, novembro de 1977.

Capítulo 7: Por que se preocupar com a PES?

1. Carl Sagan, *The Demon-Haunted Universe: Science as a Candle in the Dark* (Nova York: Ballantine, 1997).

2. Mensagem pela Internet, 1º/1/03.

3. Thomas Keating, *Intimacy with God* (Nova York: Crossroad Publishing, 1994).

4. O ensinamento hinduísta de que *Atma* é igual a *Brahman* significa que a nossa alma, ou centro da percepção, coincide com o universo inteiro. Erwin Schrödinger, o grande físico que aperfeiçoou a mecânica quântica, se refere a esse princípio como o maior de todos da metafísica. Erwin Schrödinger, *My View of the World* (Woodbridge, CT: Ox Bow Press, 1983).

5. Kenny Werner, *Effortless Mastery* (New Albany, IN: Jamey Abersold, Inc., 1996).

6. Para mais informações sobre os ensinamentos e programas de Gangaji, por favor veja sua página na Internet: www.gangaji.org.

7. *Sunyata* é uma palavra em sânscrito de importância nos textos budistas. Diz respeito ao vazio, à impermanência e à vastidão. A ideia de *sunyata* nos leva a reconhecer a persistente ilusão da "existência inerente" como um dos maiores obstáculos para o desenvolvimento espiritual e como a raiz de muitas outras ilusões prejudiciais.
8. *A Course in Miracles* (Huntington Station, NY: Foundation for Inner Peace, 1975).
9. Gerald Jampolsky, *Love Is Letting Go of Fear* (Berkeley, CA: Celestial Arts, 1979).
10. Ken Wilber, *One Taste* (Boston: Shambhala, 1999).
11. As evidências da sobrevivência são apresentadas com muito vigor na correspondência cruzada dos dados de F. W. H. Myers (veja Capítulo 4) com os dados de Ian Stevenson sobre crianças que se recordam de vidas passadas. Ian Stevenson, *Where Reincarnation and Biology Intersect* (Westport, CT: Praeger, 1997).
12. Longchenpa, *Kindly Bent to Ease Us* (Emeryville, CA: Dharma Publishing, 1975).
13. Viktor Frankl, *Man's Search for Meaning* (Nova York: Simon & Schuster, 1959).
14. Henry Miller, citado *in* Daniel Pinchbeck, *Breaking Open the Head: A Psychedelic Journey into the Heart of Contemporary Shamanism* (Nova York: Broadway Books, 2003).
15. Jelaluddin Balkhi Rumi, *The Illuminated Rumi*, traduzido para o inglês por C. Barks e J. Moyne (Nova York: Broadway Books, 1997).
16. Shankara, *Crest-Jewel of Discrimination*, traduzido para o inglês por Christopher Isherwood (Hollywood, CA: Vedanta Press, 1975). [*A Joia Suprema do Discernimento*, publicado pela Editora Pensamento, São Paulo (*fora de catálogo*).]
17. *A Course in Miracles* (Huntington Station, NY: Foundation for Inner Peace, 1975).
18. John Milton, citado *in* Pinchbeck, *Breaking Open the Head.*
19. Namkhai Norbu, *The Mirror: Advice on the Presence of Awareness* (Barrytown, NY: Station Hill Openings, 1996).
20. Longchenpa, "The Jewel Ship", in *You Are the Eyes of the World* (Ithaca, NY: Snow Lion Publications, 2000).
21. Gangaji, *Freedom and Resolve: The Living Edge of Surrender* (Novato, CA: The Gangaji Foundation, 1999).

Posfácio

1. Tais como as entrevistas feitas por Jeffrey Mishlove, em sua série *Thinking Allowed* na Public Television.
2. Fred Sicher, Elisabeth Targ, Dan Moore e Helene Smith, "A Randomized Double-Blind Study of the Effect of Distant Healing in a Population with Advanced AIDS", *Western Journal of Medicine*, vol. 169, dezembro de 1998, pp. 356-63.
3. Russell Targ, Phyllis Cole e Harold Puthoff, "Development of Techniques to Enhance Man/Machine Communication", Relatório final SRI sob contrato 953653 NAS7-100, 1975; Russell Targ e David Hurt, "Learning Clairvoyance and Precognition with an ESP Teaching Machine", *Parapsychology Review*, julho/agosto de 1972.

Bibliografia

A Course in Miracles: Workbook for Students. Huntington Station, NY: Foundation for Inner Peace, 1975.

Anand, Margot. *Sexual Ecstasy: The Art of Orgasm*. Nova York: Jeremy Tarcher/Putnam, 2000.

Astin, John A., Elaine Harkness e Edward Ernst. "The Efficacy of 'Distant Healing': A Systematic Review of Randomized Trials". *Annals of Internal Medicine* 132 (2000): 903-10.

Barks, Coleman e Michael Green. *The Illuminated Rumi*. Nova York: Broadway Books, 1997.

Batten, Alan H. "A Most Rare Vision: Eddington's Thinking on the Relation between Science and Religion". *Journal of Scientific Exploration* 9, nº 2 (verão de 1995): 231-34.

Bell, J. S. "On the Einstein, Podolsky, Rosen Paradox". *Physics I* (1964): pp. 195-200.

Bem, D. e Honorton, C. "Does Psi Exist? Replicable Evidence for an Anomalous Process of Information Transfer". *Psychological Bulletin*, janeiro de 1994.

Benor, Daniel J. *Spiritual Healing: Scientific Validation of a Healing Revolution*. Southfield, MI: Vision Publications, 2001.

Bohm, D. e B. Hiley. *The Undivided Universe*. Nova York: Rutledge, 1993.

Braden, Gregg. *The Isaiah Effect*, Nova York: Three Rivers Press, 2000. [*O Efeito Isaías*, publicado pela Cultrix, São Paulo, 2002.]

Braud, William. "Direct Mental Influence on the Rate of Hemolysis of Human Red Blood Cells". *Journal of Parapsychology* 47 (1983): 95-119.

————, *Distant Mental Influence*. Charlottesville, VA: Hampton Roads, 2003.

————, "On the Use of Living Target Systems in Distant Mental Influence Research". *In* L. Coly, org. *Psi Research Methodology: A Re-examination*. Nova York: Parapsychology Foundation, 1993.

————, "Wellness Implications of Retroactive Intentional Influence: Exploring an Outrageous Hypothesis". *Alternative Therapies in Health e Medicine* 6, nº 1 (2000).

Braud , William e Marilyn Schlitz. "Consciousness Interactions with Remote Biological Systems: Anomalous Intentionality Effects". *Subtle Energies* 2 (1991): 1-47.

———, "Psychokinetic Influence on Electro-Dermal Activity". *Journal of Parapsychology* 47 (1983): 95-119.

Braud, W., D. Shafer e S. Andrews. "Reactions to an Unseen Gaze (Remote Attention): A Review, with New Data on Autonomic Staring Detection". *Journal of Parapsychology* 57, nº 4 (1993): 373-90.

Brennan, Barbara. *Hands of Light*, Nova York: Bantam Books, 1987. [*Mãos de Luz*, publicado pela Editora Pensamento, São Paulo 1990.]

———, *Light Emerging*. Nova York: Bantam Books, 1993. [*Luz Emergente*, publicado pela Editora Cultrix, São Paulo, 1995.]

Byrd, Randolph C. "Positive Therapeutic Effects of Intercessory Prayer in a Coronary Care Unit Population". *Southern Medical Journal* 81, nº 7 (julho de 1988): 826-29.

Cerminara, Gina. *Many Mansions: The Edgar Cayce Story on Reincarnation*. Nova York: Signet Books, 1967. [*Muitas Moradas*, publicado pela Editora Pensamento, São Paulo, 1950.] (*fora de catálogo*)

Dean, Douglas, "Plethysmograph Recordings as ESP Responses". *International Journal of Europsychiatry* 2 (1966): 439-46.

Dixon, N. F. *Subliminal Perception: The Nature of a Controversy*. Londres: McGraw-Hill, 1971.

Dossey, Larry. *Healing Words: The Power of Prayer and the Practice of Medicine*. San Francisco: Harper San Francisco, 1993. [*As Palavras Curam: O Poder da Prece e a Prática da Medicina*, publicado pela Editora Cultrix, São Paulo, 1996.] (*fora de catálogo*)

———, *Meaning and Medicine*. Nova York: Bantam Books, 1991.

———, *Recovering the Soul*. Nova York: Bantam Books, 1989. [*Reencontro com a Alma*, publicado pela Editora Cultrix, São Paulo, 1992.] (*fora de catálogo*)

Dunne, B. J., R. G. Jahn e R. D. Nelson. "Precognitive Remote Perception". *Princeton Engineering Anomalies Research Laboratory Report* (agosto de 1983).

Dunne, J. W. *An Experiment with Time*. 1927. Reeditado, Charlottesville, VA: Hampton Roads, 2002.

Einstein, A., B. Podolsky e N. Rosen. "Can a Quantum Mechanical Description of Physical Reality Be Considered Complete?" *Physical Review* 47 (1935): 777-80.

Frankl, Viktor. *Man's Search for Meaning*. Nova York: Simon & Schuster, 1959.

Freedman, S. e J. Clauser. "Experimental Test of Local Hidden Variable Theories". *Physical Review Letters* 28 (1972): 934-41.

Friedman, Norman. *Bridging Science and Spirit: Common Elements of David Bohm's Physics, the Perennial Philosophy, and Seth*. St. Louis, MO: Living Lakes Books, 1994.

Gangaji. *Freedom and Resolve: The Living Edge of Surrender*. Novato, CA: The Gangaji Foundation, 1999.

———, *You Are That! Vol. II*. Novato, CA: The Gangaji Foundation, 1996.

Garfield, J. L. *The Fundamental Wisdom of the Middle Way: Nagarjuna's Mulamadhyamakakarika*. Londres: Oxford University Press, 1995.

Gerber, Richard, M.D. *Vibrational Medicine*. Santa Fe: Bear & Company, 1988. [*Medicina Vibracional*, publicado pela Editora Cultrix, São Paulo, 1992.]

Gisin, N., J. Tittel, H. Brendel e I. Zbinden. "Violation of Bell Inequalities by Photons More Than 10 km Apart". *Phys. Rev. Lett.* 81 (1998): 3.563-566.

Goldsmith, Joel. *A Parenthesis in Eternity*. Nova York: HarperCollins Publishers, 1963.

Harpur, Tom. *The Uncommon Touch: An Investigation of Spiritual Healing*. Toronto: McClelland & Stewart Inc., 1994.

Harris, William S. *et al.*, "A Randomized, Controlled Trial of the Effects of Remote Intercessory Prayer on Outcomes in Patients Admitted to the Coronary Care Unit". *Archives of Internal Medicine* 159 (25 de outubro de 1999): 2.273-278.

Harvey, Andrew. *The Essential Mystics: The Soul's Journey into Truth*. San Francisco: Harper San Francisco, 1996.

Hastings, Arthur. *With the Tongues of Men and Angels*. Fort Worth, TX: Harcourt College Publishers, 1991.

Hearst, Patricia. *Every Secret Thing*. Nova York: Doubleday & Company, 1982.

Hixon, Lex. *Mother of the Buddhas: Meditation on the Prajnaparamita Sutra*. Wheaton, IL: Quest Books, 1993.

Honorton, Charles e Diane Ferrari, "Future-Telling: A Meta-Analysis of Forced-Choice Precognition Experiments". *Journal of Parapsychology* 53 (dezembro de 1989): 281-309.

Huxley, Aldous. *The Perennial Philosophy*. Nova York: HarperCollins, 1990. [*A Filosofia Perene*, publicado pela Editora Cultrix, São Paulo, 1991.] (*fora de catálogo*)

Jampolsky, Gerald. *Love Is Letting Go of Fear*. Berkeley, CA: Celestial Arts, 1979.

Josephson, Brian, "Biological Utilization of Quantum Nonlocality". *Foundations of Physics* 21 (1991): 197-207.

Kaku, Michio. "Techniques of Discovery". The Prophets Conference, cidade de Nova York, maio de 2001.

Karagulla, Shafica. *Breakthrough to Creativity*. Marina del Rey, CA: Devorss & Co., 1967.

Khan, Sufi Inayat. *The Development of Spiritual Healing*. Genebra, Suíça: Sufi Publishing Co., Ltd., 1961.

Kushner, Lawrence. *The River of Light*. Woodstock, VT: Jewish Lights Publishing, 1981.

Larson, Erik. "Did Psychic Powers Give Firm a Killing in the Silver Market?" *Wall Street Journal*, 22 de outubro de 1984.

Leadbeater, C. W. *Occult Chemistry*. Londres: Theosophical Society, 1898.

Longchen, Rabjam. *The Precious Treasury of the Way of Abiding*. Junction City, CA: Padma Publishing, 2002.

Longchenpa. "The Jewel Ship". *You Are the Eyes of the World*. Ithaca, NY: Snow Lion Publications, 2000.

———, *Kindly Bent to Ease Us*. Emeryville, CA: Dharma Publishing, 1975.

Maharaj, Sri Nisargadatta. *I Am That*. Durham, NC: The Acorn Press, 1997.

McMoneagle, Joe. *Remote Viewing Secrets*. Charlottesville, VA: Hampton Roads, 2000.

Misner, C. W. e Wheeler, J. "Gravitation, Electromagnetism, Unquantized Charge and Mass as Properties of Curved Empty Space". *Annals of Physics* 2, dezembro de 1957, 525-603.

Monroe, Robert A. *Journeys Out of the Body*. Nova York: Broadway Books, 1973.

Myers, F. W. H. *Human Personality and Its Survival of Bodily Death*. Charlottesville, VA: Hampton Roads Publishing, 2001.

Newberg, Andrew, Eugene D'Aqili e Vince Rause. *Why God Won't Go Away: Brain Science and the Biology of Belief*. NY: Ballantine Books, 2002.

Norbu, Namkhai. *The Mirror: Advice on the Presence of Awareness*. Barrytown, NY: Station Hill Openings, 1996.

Orloff, Judith. *Intuitive Healing*. Nova York: Three Rivers Press, 2000.

————, *Second Sight*. Nova York: Warner Books, 1997.

Ostrander, Sheila e Lynn Schroeder. *Psychic Discoveries behind the Iron Curtain*. Nova York: Prentice Hall, 1970. [*Experiências Psíquicas Além da Cortina de Ferro*, publicado pela Editora Cultrix, São Paulo, 1974.] (*fora de catálogo*)

Palmer, Helen. *The Enneagram: Understanding Yourself and the Others In Your Life*. San Francisco: HarperSanFrancisco, 1991.

Parke, H. W. *The Delphic Oracle*. Londres: Basil Blackwell, 1953.

Playfair, Guy Lyon. *Twin Telepathy: The Psychic Connection*. Londres: Vega, 2003.

Powell, Corey S. *God in the Equation*. Nova York: The Free Press, 2002.

Prabhavananda, Swami. *How to Know God*, traduzido para o inglês por Christopher Isherwood. Hollywood, CA: Vedanta Press, 1983. [*Como Conhecer Deus*, publicado pela Editora Pensamento, São Paulo, 1988.] (*fora de catálogo*)

Puthoff, Harold e Russell Targ. "A Perceptual Channel for Information Transfer over Kilometer Distances: Historical Perspective and Recent Research". *Proceedings IEEE* 64, nº 3 (1976): 329-54.

Puthoff, Harold, Russell Targ e E. C. May. "Experimental Psi Research: Implications for Physics". In R. G. Jahn, *The Role of Consciousness in the Physical World*, série AAAS Selected Symposium 57. Boulder, CO: Westview Press, 1981: 37-86.

Radin, Dean. *The Conscious Universe*. San Francisco: Harper San Francisco, 1997.

Rauscher, Elizabeth e Russell Targ. "The Speed of Thought: Investigation of a Complex Space-Time Metric to Describe Psychic Phenomena". *Journal of Scientific Exploration* 15, nº 3 (outono de 2001): 331-54.

Rumi, Jelaluddin Balkhi. *The Illuminated Rumi*, traduzido para o inglês por C. Barks e J. Moyne. Nova York: Broadway Books, 1995.

Russell, Bertrand. *Mysticism and Logic and Other Essays*. Londres: Longmans, Green and Co., 1925.

Ryzl, Milan. "A Model of Parapsychological Communication". *Journal of Parapsychology* (1966): 18-30.

Sagan, Carl. *The Demon-Haunted Universe: Science as a Candle in the Dark*. Nova York: Ballantine, 1997.

Saltmarsh, Harold Francis. *The Future and Beyond: Paranormal Foreknowledge and Evidence of Personal Survival from Cross Correspondences*. Charlottesville, VA: Hampton Roads, 2004.

Schlitz, Marilyn e William Braud. "Distant Intentionality and Healing: Assessing the Evidence". *Alternative Therapies* 3, nº 6 (novembro de 1997).

Schlitz, Marilyn e Charles Honorton. "Ganzfeld Psi Performance within an Artistically Gifted Population". *Journal of the American Society for Psychical Research* 86 (1992): 83-98.

Schlitz, Marilyn e Steven LaBerge. "Autonomic Detection of Remote Observation: Two Conceptual Replications". Sausalito, CA: *Institute of Noetic Sciences*, 1994. (*pré-impressão*)

Schmeidler, Gertrude. "An Experiment in Precognitive Clairvoyance: Part I, The Main Results" e "Part 2, The Reliability of the Scores". *Journal of Parapsychology* 28 (1964): 1-27.

Schmidt, Helmut. "PK Effect on Pre-Recorded Targets". *Journal of the American Society for Psychical Research*, julho de 1976.

————, "Random Generators and Living Systems as Targets in Retro-PK Experiments". *Journal of the American Society for Psychical Research* 91, nº 1 (1997): 1-14.

Schrödinger, Erwin. *Mind and Matter*. Cambridge: Cambridge University Press, 1958.

————, *My View of the World*. Woodbridge, CT: Ox Bow Press, 1983.

————, In Michael Nielsen, "Rules for a Complex Quantum World". *Scientific American*, novembro de 2002.

————, *What Is Life*. Cambridge: Cambridge University Press, 1945.

Schultz, Mona Lisa. *Awakening Intuition*. Nova York: Three Rivers Press, 1998.

Shankara. *In* Swami Prabhavananda, *Crest-Jewel of Discrimination*. Hollywood, CA: Vedanta Press, 1975. [*A Joia Suprema do Discernimento*, publicado pela Editora Pensamento, São Paulo.] (*fora de catálogo*)

Shealy, C. Norman e Caroline Myss. *The Creation of Health*. Walpole, NH: Stillpoint Publishing, 1988.

Sicher, Fred, Elisabeth Targ, Dan Moore e Helene Smith. "A Randomized Double-Blind Study of the Effect of Distant Healing in a Population with Advanced AIDS". *Western Journal of Medicine* 169 (dezembro de 1998): 356-63.

Sinclair, Upton. *Mental Radio*. Charlottesville, VA: Hampton Roads Publishing, 2001.

Spottiswoode, James. "Geomagnetic Fluctuations and Free Response Anomalous Cognition: A New Understanding". *Journal of Parapsychology* 61 (março de 1997).

Stapp, Henry. "Harnessing Science and Religion: Implications of the New Scientific Conception of Human Beings". *Research News and Opportunities in Science and Religion* I nº 6 (fevereiro de 2001): 8.

————, *In* R. Nadeau e M. Kafatos. *The Nonlocal Universe: The New Physics and Matters of the Mind*. Londres: Oxford University Press, 1999.

Stevenson, Ian. *Where Reincarnation and Biology Intersect*. Westport, CT: Praeger, 1997.

Storm, Lance e Suitbert Ertel. "Does Psi Exist? Comments on Milton and Wiseman's (1999) Meta-Analysis of Ganzfeld Research". *Psychological Bulletin* 127, nº 3 (2001): 424-33.

Swann, Ingo. *Natural ESP*. Nova York: Bantam Books, 1987.

————, *Psychic Sexuality: The Bio-Psychic "Anatomy" of Sexual Energies*. Rapid City, SD: Ingo Swann Books, 1999.

Targ, Elisabeth. "Evaluating Distant Healing: A Research Review". *Alternative Therapies in Health and Medicine* 3, nº 6 (novembro de 1977).

Targ, Elisabeth e Russell Targ. "Accuracy of Paranormal Perception as a Function of Varying Target Probabilities". *Journal of Parapsychology* 50 (17 a 27 de março de 1986).

Targ, Elisabeth, Russell Targ e Oliver Lichtarg. "Realtime Clairvoyance: A Study of Remote Viewing without Feedback". *Journal of the American Society for Psychical Research* 79 (outubro de 1985): 494-500.

Targ, Russell, Phyllis Cole e Harold Puthoff. "Development of Techniques to Enhance Man/Machine Communication". Relatório Final SRI sob o contrato 953653 NAS7-100 (1975).

Targ, Russell e David Hurt. "Learning Clairvoyance and Precognition with an ESP Teaching Machine". *Parapsychology Review* (julho-agosto de 1972).

Targ, Russell e Jane Katra. "Remote Viewing in a Group Setting". *Journal of Scientific Exploration* 14, nº 1 (2000): 107-14.

Targ, Russell, Jane Katra, Dean Brown e Wendy Wiegand. "Viewing the Future: A Pilot Study with an Error-Detecting Protocol". *Journal of Scientific Exploration* 9, nº 3 (1995): 367-80.

Targ, R., E. May e H. Puthoff, "Direct Perception of Remote Geographic Locations". *Mind At Large: Proceedings of IEEE Symposia on Extrasensory Perception*. Charlottesville, VA: Hampton Roads, 2002.

Targ, Russell e Hal Puthoff. "Information Transfer under Conditions of Sensory Shielding". *Nature* 251 (1974): 602-07.

————, *Mind Reach: Scientists Look at Psychic Abilities*. Nova York: Delacorte, 1977.

Ullman, Montague e Stanley Krippner com Alan Vaughan. *Dream Telepathy*. Charlottesville, VA: Hampton Roads Publishing, 2003.

Vasiliev, L. L. *Experiments in Mental Suggestion*. Charlottesville, VA: Hampton Roads Publishing, 2002.

Vassy, Zoltán. "Method for Measuring the Probability of I-Bit Extrasensory Information Transfer Between Living Organisms". *Journal of Parapsychology* 42 (1978): 158—60.

Warcollier, René. *Mind-to-Mind*. Charlottesville, VA: Hampton Roads, 2002.

Weinberg, Steven. "The Future of Science and the Universe". *New York Review of Books* (15 de novembro de 2001).

Werner, Kenny. *Effortless Mastery*. New Albany, IN: Jamey Abersold Inc, 1996.

Wilber, Ken. *No Boundary*. Boston: Shambhala, 1979. [*A Consciência sem Fronteiras*, publicado pela Editora Cultrix, São Paulo, 1991.] (*fora de catálogo*)

————, *One Taste*. Boston: Shambhala, 1999.

Woodroffe, John. *The Serpent Power*. Madras, Índia: Ganesh & Co, 1928, 1964.